El Currículo Creativo *para* educación preescolar

# Guía de enseñanza

## Estudio de cómo reducir, reutilizar y reciclar

Kai-leé Berke, Carol Aghayan, Cate Heroman

**Teaching**Strategies® · Bethesda, MD

Edición de la versión en inglés: Lydia Paddock, Jayne Lytel
Diseño y diagramación: Jeff Cross, Amy Jackson, Abner Nieves
Traducción al español: Claudia Caicedo Núñez
Edición de la versión en español: Judith F. Wohlberg, Alicia Fontán
Diseño de la portada: Laura Monger Design

Teaching Strategies, LLC.
7101 Wisconsin Avenue, Suite 700
Bethesda, MD 20814

www.TeachingStrategies.com

978-1-60617-413-5


Library of Congress Cataloging-in-Publication Data

Berke, Kai-leé.
    [Creative curriculum for preschool teaching guide featuring the reduce, reuse, recycle study. Spanish]
    El currículo creativo para educación preescolar guía de enseñanza estudio de cómo reducir, reutilizar y reciclar / Kai-leé Berke, Carol Aghayan, Cate Heroman ; [Spanish translation, Claudia Caicedo Núñez].
       p. cm.
     ISBN 978-1-60617-413-5
1.  Education, Preschool--Activity programs. 2.  Education, Preschool--Curricula. 3.  Recycling (Waste, etc.)--Study and teaching (Preschool)--Activity programs.  I. Aghayan, Carol. II. Heroman, Cate. III. Title.
    LB1140.35.C74B4618 2011
    372.19--dc22
                         2011011539



2 3 4 5 6 7 8 9 10      20 19 18 17 16 15 14

Impreso y encuadernado en los Estados Unidos

# Reconocimientos

Muchas personas contribuyeron a la creación de esta *Guía de enseñanza* y sus instrumentos de apoyo a la enseñanza. Queremos agradecer a Hilary Parrish Nelson por su orientación como directora editorial, a Jo Wilson por ayudarnos pacientemente a mantener el enfoque y a Hilary y Jan Greenberg por la revisión cuidadosa y detallada que hicieron del contenido, lo cual enriqueció el producto final.

Sherrie Rudick, Jan Greenberg y Larry Bram merecen un reconocimiento especial por crear la primera *Colección de literatura infantil* de Teaching Strategies. En conjunto con Q2AMedia, ellos crearon el concepto para cada libro y supervisaron el proceso de desarrollo de principio a fin. Su arduo trabajo, creatividad, paciencia y atención al detalle se hacen evidentes en el producto final.

Agradecemos a la doctora Lea McGee por su dirección, revisión y sugerencias para nuestras *Tarjetas: Hablemos de libros.* Con base en su investigación sobre estrategias de lectura en voz alta, Jan Greenberg y Jessika Wellisch crearon un conjunto de valiosas tarjetas de guía para comentar los libros.

Gracias a Heather Baker, Toni Bickart, y al doctor Steve Sanders por escribir más de 200 *Tarjetas de enseñanza intencional,* alineando cuidadosamente cada secuencia de enseñanza con la progresión del desarrollo correspondiente y asegurándose de que los niños reciban la instrucción individualizada que necesitan para tener éxito al aprender. Le agradecemos a Sue Mistrett por revisar cuidadosamente cada tarjeta y agregar estrategias para incluir a todos los niños.

Traducir *Mega Minutos* al español, asegúrandose de que el texto fuera lingüística y culturalmente apropiado, no fue un trabajo fácil. Gracias a nuestro dedicado equipo de escritores y editores, incluyendo Spanish Educational Publishing, Dawn Terrill, Giuliana Rovedo y Mary Conte.

Gracias a nuestro magnífico equipo editorial: Toni Bickart, Lydia Paddock, Jayne Lytel, Diane Silver, Heather Schmitt, Heather Baker, Judy Wohlberg, Dawn Terrill, Giuliana Rovedo, Victory Productions, Elizabeth Tadlock, Reneé Fendrich, Kristyn Oldendorf y Celine Tobal, quienes revisaron, refinaron, cuestionaron y algunas veces reescribieron nuestro material, mejorando cada página que corrigieron.

Gracias a nuestro equipo de servicios gráficos por crear un diseño atractivo y accesible para nuestro contenido. Apreciamos profundamente la visión creativa de Margot Ziperman, Abner Nieves, Jeff Cross y Amy Jackson.

El Latino Advisory Committee merece nuestro gran aprecio por hacernos reflexionar continuamente en las formas de apoyar a los niños de habla hispana y por guiarnos a través del proceso del desarrollo. Gracias a la doctora Dina Castro, la doctora Linda Espinosa, Antonia Lopez, la doctora Lisa Lopez y a la doctora Patton Tabors.

Queremos reconocer a Lilian Katz y Sylvia Chard por su estimulante trabajo sobre el tratamiento de proyectos, el cual enriqueció nuestras ideas sobre un currículo de calidad para niños pequeños.

Lo más importante de todo es que nada de esto habría sido posible sin la dirección visionaria de Diane Trister Dodge. Su hábil liderazgo y su dedicación a los niños pequeños y a sus familias es la fuente de inspiración de todo lo que hacemos en Teaching Strategies.

# Contenido

# Para comenzar

# ¿Por qué investigar cómo reducir, reutilizar y reciclar?

La basura se encuentra por todas partes a nuestro alrededor. La encontramos en nuestros hogares, en las calles, en los lugares donde trabajamos y jugamos. Cuando la basura se convierte en un problema, le prestamos más atención: por ejemplo, cuando una comunidad produce más basura de la que puede deshacerse y necesita un nuevo relleno sanitario; cuando la basura peligrosa afecta la salud de las personas; cuando ocurre una tragedia, como un huracán, con lo cual se producen montañas de desechos o cuando la basura excesiva afea el entorno. Sin embargo, una vez resueltos los problemas inmediatos, a menudo olvidamos el continuo reto de ocuparnos de los desechos y la basura.

Los niños sienten fascinación por lo que contienen los botes de basura y a menudo recogen desechos contra nuestros deseos. Su curiosidad natural ofrece un buen punto de partida para descubrir lo que ocurre con la basura y los desechos después de deshacernos de ellos y sirve para explorar los conceptos de cómo reducir, reutilizar y reciclar.

Un estudio acerca de cómo reducir, reutilizar y reciclar no solamente ofrece oportunidades para que los niños exploren un tema de interés, sino que les permite reunir información, ser más conscientes del mundo a su alrededor y solucionar problemas. Los niños observarán, reunirán datos, explorarán su comunidad, entrevistarán expertos, aprenderán nueva información y propondrán soluciones a problemas. Además, usarán destrezas en matemáticas, lectoescritura, tecnología y las artes para representar su comprensión de importantes conceptos relacionados con la ciencia y los estudios sociales.

> **¿Cómo expresan los niños de su clase su interés en los desechos y la basura? ¿Cómo expresan su interés en lo que ocurre después con la basura? ¿Qué dicen al respecto?**

# Red de investigaciones

En *Guía de enseñanza: Estudio de cómo reducir, reutilizar y reciclar* se incluyen cinco investigaciones dirigidas a explorar el concepto de reducción de desechos. Las investigaciones ofrecen a los niños una oportunidad de aprender más sobre desechos y basura, de dónde vienen y por qué pueden ser un problema. Los niños aprenderán también a reunir información para resolver problemas sobre qué se puede hacer para reducir la cantidad de desperdicios que produce la sociedad.

Algunas de las investigaciones incluyen también visitas a lugares y visitas de expertos invitados a hacer presentaciones en el salón de clases. Cada investigación ayuda a los niños a explorar importantes conceptos en ciencias y estudios sociales, y fortalece sus destrezas de lectoescritura, matemáticas, tecnología y las artes. Amplíe esta red agregando sus propias ideas, particularmente sobre los aspectos del tema que sean exclusivos para su comunidad.

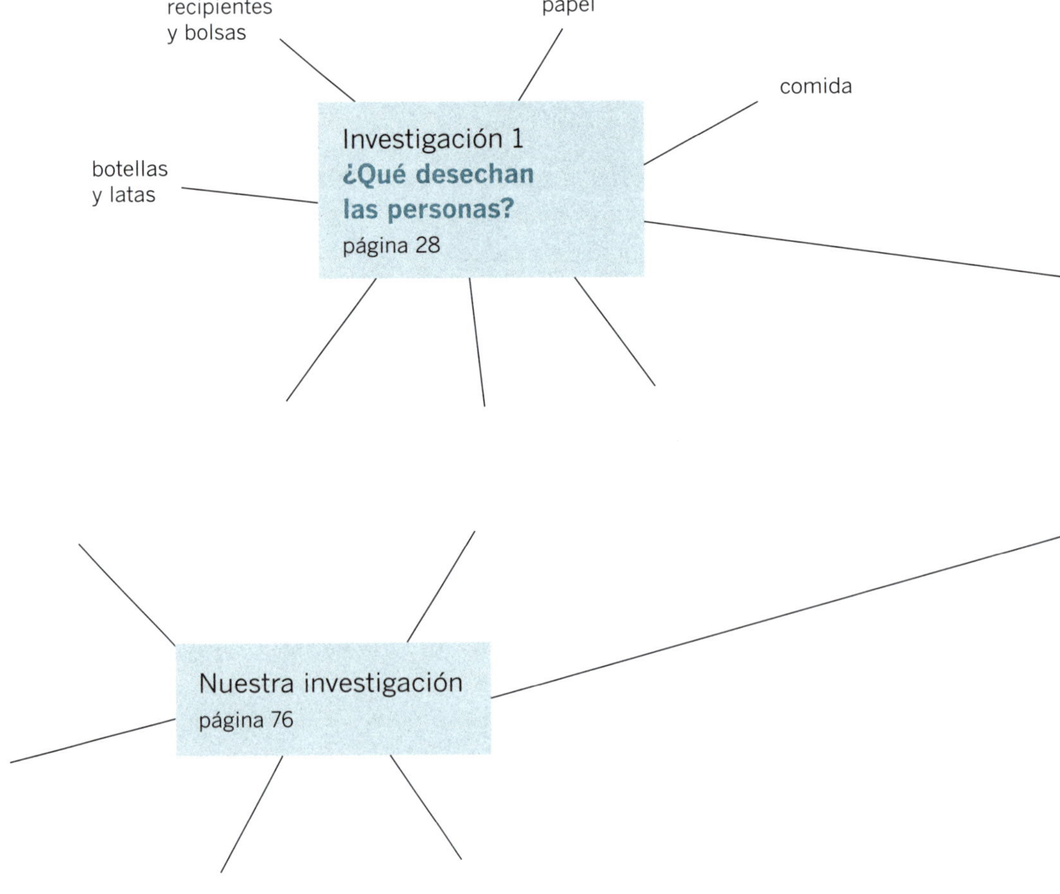

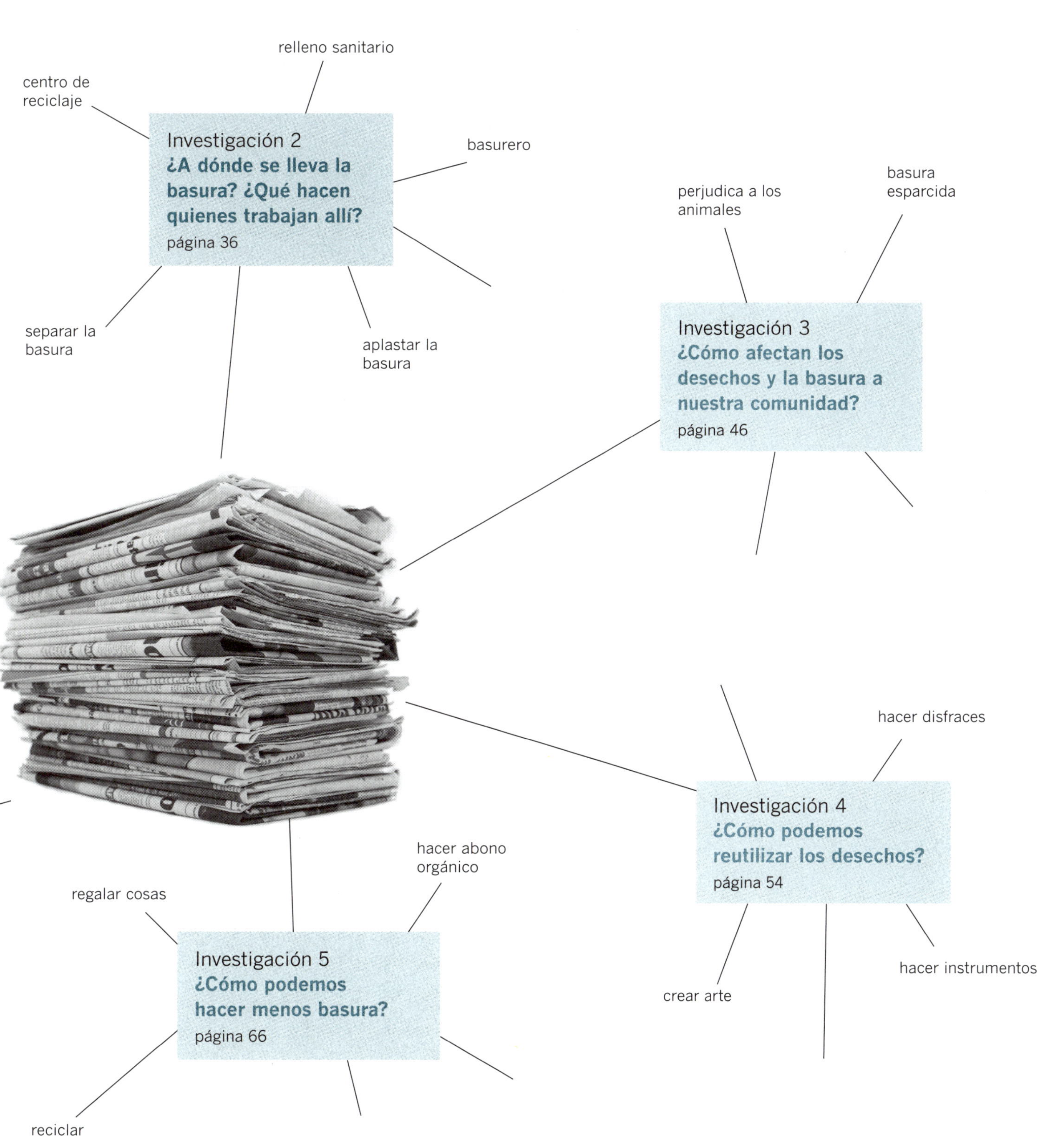
relleno sanitario
centro de
reciclaje
Investigación 2
¿A dónde se lleva la
basura? ¿Qué hacen
quienes trabajan allí?
página 36
basurero
perjudica a los
animales
basura
esparcida
separar la
basura
aplastar la
basura
Investigación 3
¿Cómo afectan los
desechos y la basura a
nuestra comunidad?
página 46
hacer disfraces
hacer abono
orgánico
regalar cosas
Investigación 4
¿Cómo podemos
reutilizar los desechos?
página 54
hacer instrumentos
Investigación 5
¿Cómo podemos
hacer menos basura?
página 66
crear arte
reciclar

# Carta a las familias

**Envíe una carta a las familias para informarles sobre el estudio. Use la carta para comunicarse y como una oportunidad para invitarles a participar.**

## Apreciadas familias:

La mayoría de nosotros no dedica mucho tiempo a pensar acerca de la basura. Es posible que pensemos en ello si en nuestra comunidad se necesita un nuevo relleno sanitario, si hay una crisis a causa de los desechos peligrosos o cuando la basura ya no es controlable. Pero a menudo olvidamos el continuo reto de ocuparnos de ella. Nosotros pensamos que estudiar el tema de cómo reducir, reutilizar y reciclar la basura les permitirá a los niños aprender debido a su familiaridad y curiosidad con respecto a este tema.

Para poder iniciar nuestro estudio nosotros necesitamos de su ayuda para reunir unos cuantos objetos. Para ello necesitaremos objetos e imágenes relacionadas con la basura. A continuación ofrecemos algunas sugerencias, pero siéntanse libres para enviar cualquier elemento que esté limpio y sea seguro.

| Objetos | Imágenes |
|---|---|
| papeleras | basura en varios lugares |
| botes de basura | basureros o rellenos sanitarios |
| cajas o recipientes de reciclaje | camiones de basura |
| bolsas para la basura | vehículos de limpieza de calles |
| recipientes para abono orgánico | personas que trabajan en limpieza |
| trituradora de papel | centros de reciclaje |
| | incineradores |
| | recipientes públicos para la basura |

objetos para desechar limpios y secos, p. ej., tubos de toallas de papel, recipientes de plástico vacíos, latas sin bordes afilados, empaques vacíos, pedazos de tela, pedazos de papel de envolver, papel de aluminio limpio, teléfonos o radios viejos sin pilas, pedazos de madera, carretes vacíos, cartones de leche lavados, revistas viejas y tapas de botellas.

A medida que estudiemos la basura, y cómo podemos reducir, reutilizar y reciclar, se aprenderán conceptos y se desarrollarán destrezas en lectoescritura, matemáticas, ciencia, estudios sociales, tecnología y las artes, al tiempo que se desarrollará el razonamiento investigando, haciendo preguntas, resolviendo problemas, haciendo predicciones y comprobando ideas.

## Qué se puede hacer en el hogar

Hablen con los niños acerca de la basura. Ayúdenles a ser conscientes de la clase de basura que su familia produce diariamente. Si ustedes la desechan en un basurero o vertedero de basura, lleven al niño para que vea a dónde se lleva la basura. Saquen algunos libros de la biblioteca que traten de la basura y el reciclaje. Si en su casa se recicla, ayuden a que el niño se encargue de separar las cosas en las distintas cajas de reciclaje.

Cuando salgan y noten un pedazo de papel en el suelo, señálenlo y hablen de ello. Diga, por ejemplo, "Me pregunto por qué alguien tiró ese papel en el suelo. ¿Crees que debe estar allí? ¿Hay un mejor lugar para colocarlo?"

Al finalizar nuestro estudio, tendremos un evento especial para celebrar lo aprendido. De antemano, les agradecemos su participación y su importante rol en nuestro aprendizaje.

# A Letter to Families

**Send families a letter introducing the study. Use the letter to communicate with families and as an opportunity to invite their participation in the study.**

### Dear Families,

Most of us don't spend much time thinking about trash and garbage. We might give the problem some thought when our community needs a new landfill, a crisis about dangerous waste arises, or litter gets out of control. But then we often forget about the ever-present challenge of dealing with trash and garbage. We think studying how to reduce, reuse, and recycle trash and garbage will engage children because they are familiar with and curious about the topic.

We need your help gathering items to investigate. We'll need many different objects and pictures related to trash and garbage. We will begin our study by collecting them. Here's a list of suggested items, but you may also send in others not on the list as long as they are clean and safe.

| Objects | Pictures |
| --- | --- |
| wastebaskets | litter–trash in various places |
| garbage–trash cans | dumps and landfills |
| recycling bins–boxes | garbage trucks |
| trash–garbage bags | street-cleaning vehicles |
| compost containers–bins | sanitation workers |
| paper shredder | recycling centers |
| clean and dry trash–junk items* | incinerators |
| can crushers | public trash receptacles |

* paper towel rolls, empty plastic containers, cans with dull edges, empty packaging, fabric scraps, leftover wrapping paper, rinsed tinfoil, old telephones or radios without batteries, wood scraps, empty spools, rinsed milk cartons, old magazines, and bottle tops

As we study trash and garbage and how we can reduce, reuse, and recycle, we will learn concepts and skills in literacy, math, science, social studies, the arts, and technology. We will also be developing thinking skills to observe, investigate, ask questions, solve problems, make predictions, and test our ideas.

### What You Can Do at Home

Talk with your child about trash and garbage. Help raise your child's awareness of the kinds of trash and garbage your family creates each day. If you dispose of your trash at a dump or landfill, take your child along to see where the trash goes. Borrow some library books about trash, garbage, and recycling. If you recycle at home, help your child take responsibility for sorting items into your family's recycling boxes.

When you are outside with your child and you notice a piece of trash on the ground, point it out and talk about it. For example, say, "I wonder why someone dropped that candy wrapper on the ground. Is it supposed to be there? Is there a better place to put it?"

At the end of the study, we will have a special event to show you what we've learned. Thank you for playing an important role in our learning.

# Inicio del estudio

# Presentación del tema

**Para comenzar este estudio, explore el tema con los niños para resolver las siguientes preguntas: ¿Qué sabemos acerca de cómo reducir, reutilizar y reciclar? ¿Qué queremos averiguar acerca de cómo reducir, reutilizar y reciclar?**

Comience reuniendo distintos tipos de objetos desechados y basura que vaya a utilizar a lo largo del estudio. Al final de la página le sugerimos distintas clases de objetos que podría reunir. Pida a los niños, familias y amigos que le ayuden a reunir los objetos. En esta *Guía de enseñanza* hemos incluido una carta de muestra para enviar a las familias.

Para garantizar la seguridad de los niños es importante que usted inspeccione cuidadosamente todos los objetos desechados que se traigan a la escuela. Revise que no tengan bordes afilados, que estén limpios y que sean objetos que los niños pequeños puedan manipular.

A medida que vaya reuniendo los objetos de la colección, aproveche la curiosidad natural de los niños. Dado que ellos expresarán su interés en la colección de objetos desechados, piense en cómo

almacenarlos y exhibirlos de manera que los niños puedan verlos y examinarlos con facilidad. Considere proporcionarles varios recipientes transparentes para clasificar los materiales.

A medida que crezca la colección, comience a hablar de algunos objetos en particular. Ayude a los niños a aprender los nombres de los objetos. Pídales que los describan y comenten cualquier experiencia previa que hayan tenido con ellos. Ayúdeles a notar las semejanzas y diferencias, a hacer comparaciones y a hacer hipótesis acerca de la manera en que son (o fueron) usados varios objetos.

"¿Cómo creen que fue usado esto?"

"¿Qué materiales fueron usados para hacer esto?"

"¿Han visto antes alguna de estas cosas?"

## Objetos

papeleras

botes de basura

cajas o recipientes de reciclaje

bolsas para la basura

recipientes para abono orgánico

trituradora de papel

## Imágenes

basura en varios lugares

basureros o rellenos sanitarios

camiones de basura

vehículos de limpieza de calles

personas que trabajan en limpieza

centros de reciclaje

incineradores

recipientes públicos para la basura

objetos para desechar limpios y secos, p. ej., tubos de toallas de papel, recipientes de plástico vacíos, latas sin bordes afilados, empaques vacíos, pedazos de tela, pedazos de papel para envolver, papel de aluminio limpio, teléfonos o radios viejos sin pilas, pedazos de madera, carretes vacíos, cartones de leche lavados, revistas viejas y tapas de botellas.

"¿Quién podría usar esto?"

"¿Cómo le ayudan estas cosas a las personas? ¿Cómo le hacen daño"

> **¿Qué otras preguntas de respuesta abierta o qué preguntas indirectas podría usar usted para estimular a los niños a hacer comentarios?**

Las preguntas de los niños le servirán para decidir qué experiencias ofrecer y qué investigaciones emprender. Durante un periodo con todo el grupo, pregunte, "¿Qué debemos tratar de averiguar acerca de cómo reducir, reutilizar y reciclar?" Escriba las preguntas de los niños en un papel blanco grande.

Muestre que usted tiene curiosidad en el tema preguntándose en voz alta, "Me pregunto cómo llegó esta basura a nuestro patio de juego".

Verbalice las preguntas que los niños podrían estar tratando de hacer. Por ejemplo, "Veo que estás tratando de descubrir cómo usar ese tubo de toallas de papel para hacer algo más. Agreguemos a nuestra lista la siguiente pregunta: '¿Cómo podemos reutilizar algunas cosas de nuestra colección de objetos desechados?'"

A los niños más pequeños (o quienes tengan poca experiencia preguntando) ayúdeles a formular preguntas. Si alguien dice, "Mi papá regaló nuestra podadora vieja", usted podría decir, "Hummm. Tu papá se la dio a alguien en lugar de arrojarla a la basura. ¿Qué otras cosas podríamos darle a alguien para que las use? Voy a agregar esa pregunta a nuestra lista".

# Preparación para las Experiencias sorprendentes

**En las páginas de "Un vistazo" se incluyen estas Experiencias sorprendentes para las cuales se requiere planificación anticipada.**

| | |
|---|---|
| Investigación 1: | Día 3: Caminar por la escuela para investigar los botes de basura en distintos lugares, p. ej., la cocina, el salón de clase y una oficina |
| Investigación 2: | Día 2: Entrevistar a la persona encargada de la limpieza en la escuela y seguir la ruta que hace la basura por la escuela |
| Investigación 2: | Día 3: Una entrevista a una persona encargada de la recolección de basura y una mirada al camión de la basura o del reciclaje Si es posible, programe una visita a un vertedero de basura o a un centro de reciclaje y entreviste a los empleados |
| Investigación 3: | Día 3: "Búsqueda de basura" alrededor de la escuela |
| Investigación 4: | Día 2: Visita de un pariente que toca un instrumento musical. |
| Celebración de lo aprendido: | Día 2: Visita de los parientes al salón para celebrar |

# Exploración del tema

# Exploración del tema

## ¿Qué sabemos acerca de cómo reducir, reutilizar y reciclar?

| | Día 1 | Día 2 | Día 3 |
|---|---|---|---|
| Áreas de interés | **Biblioteca:** libros acerca de los desechos, la basura y el reciclaje | Descubrimientos: colección de objetos desechados | Descubrimientos: colección de objetos desechados |
| Pregunta del día | ¿Han visto basura afuera hoy? | ¿Esto se siente suave o áspero? (Muestre algo desechado.) | ¿Qué podríamos hacer con estos objetos desechados? (Muestre algo desechado.) |
| Todo el grupo | **Juego:** ¿Qué hay dentro de la caja?<br>**Comentarios y escritura compartida:** Basura encontrada<br>**Materiales:** Mega Minutos 31, "¿Qué hay dentro de la caja?"; objeto pequeño; una caja; una cámara digital; objetos desechados encontrados en la escuela | **Canción:** "Yo tenía cinco perritos"<br>**Comentarios y escritura compartida:** ¿Qué es esta basura?<br>**Materiales:** Mega Minutos 53, "Yo tenía cinco perritos"; canasta; objetos de la colección de objetos desechados | **Canción:** "Tengo un amiguito"<br>**Comentarios y escritura compartida:** ¿Qué sabemos acerca de cómo reducir, reutilizar y reciclar?<br>**Materiales:** Mega Minutos 40, "Tengo un amiguito"; lista titulada "¿Qué sabemos acerca de cómo reducir, reutilizar y reciclar?"; objetos desechados; unas botellas de plástico vacías |
| Lectura en voz alta | *La princesa vestida con una bolsa de papel* Hablemos de Libros 08 (primera lectura en voz alta) | *¡Silencio!* | *La princesa vestida con una bolsa de papel* Hablemos de Libros 08 (segunda lectura en voz alta) |
| Grupos pequeños | **Opción 1: Letras, letras y más letras**<br>Enseñanza Intencional LL07, "Letras, letras y más letras"; sellos de caucho de letras; almohadillas con tinta de color; papel de construcción<br>**Opción 2: Tesoros escondidos**<br>Enseñanza Intencional LL21, "Tesoros escondidos"; letras magnéticas; imán grande; regla; cinta adhesiva; mesa de arena con agua | **Opción 1: Jugar con lo impreso**<br>Enseñanza Intencional LL23, "Jugar con lo impreso"; diverso material impreso en el entorno<br>**Opción 2: Bolsi-libros**<br>Enseñanza Intencional LL20, "Bolsi-libros"; 6 a 8 bolsas sellables para cada libro; material impreso; papel de construcción; tijeras; engrapadora; cinta de colores | **Opción 1: Collages hechos con objetos desechados**<br>Enseñanza Intencional LL32, "Descripciones artísticas"; objetos desechados; papel; marcadores; tijeras; pegamento<br>**Opción 2: Escultura hecha con objetos desechados**<br>Enseñanza Intencional LL32, "Descripciones artísticas"; objetos desechados; tijeras; pegamento; cinta adhesiva; arcilla para moldear |
| Mega Minutos | Mega Minutos 21, "Pin pon, ¿cuántos son?"; objetos pequeños variados; p. ej., monedas; canicas o botones | Mega Minutos 21, "Pin pon, ¿cuántos son?"; objetos pequeños variados; p. ej., monedas; canicas o botones | Mega Minutos 07, "Alabío, alabao, ¿cuántos son?" |

# ¿Qué queremos averiguar?

| Día 4 | Día 5 | Dedique tiempo para… |
|---|---|---|
| Descubrimientos: colección de objetos desechados<br><br>Arte: materiales para hacer collages como pedazos de papel; pedazos de papel de aluminio; revistas y periódicos viejos; pedazos de cartón | Arte: materiales para hacer collages, como pedazos de papel; papel de aluminio; revistas y periódicos viejos; pedazos de cartón | ## Experiencias al aire libre<br><br>**Ejercicio divertido**<br><br>• Repase Enseñanza Intencional P19, "Hacer rebotar y atrapar", y siga la orientación ofrecida en la tarjeta.<br><br>## Colaboración con las familias<br><br>• Pida a las familias que contribuyan a la colección trayendo de la casa objetos desechados: objetos que por lo general arrojan a la basura (rollos de toallas de papel, revistas viejas, tapas de botellas, cajas de cartón u objetos partidos). Revise todos los objetos y asegúrese de que no sean peligrosos, enjuague los recipientes y retire cualquier objeto que tenga bordes afilados.<br><br>• Coloque a su alcance las cajas y envases que tengan material impreso visible, p. ej., letras, números, y figuras en logotipos publicitarios de productos y tiendas. |
| ¿Qué podríamos hacer con estos objetos desechados? (Muestre algo desechado.) | ¿Qué juego prefieren jugar: Simón dice o Tin marín? | |
| **Juego:** ¿Qué hay dentro de la caja?<br><br>**Comentarios y escritura compartida:** ¿Qué sabemos acerca de cómo reducir, reutilizar y reciclar?<br><br>**Materiales:** Mega Minutos 31, "¿Qué hay dentro de la caja?"; objeto casero pequeño que suele ser desechado; canasta; colección de objetos desechados; rollo de toallas de papel; cinta adhesiva | **Juego:** Simón dice o Tin marín<br><br>**Comentarios y escritura compartida:**<br><br>¿Qué queremos averiguar acerca de cómo reducir, reutilizar y reciclar?<br><br>**Materiales:** Mega Minutos 13, "Simon dice"; Mega Minutos 74 "Tin marín"; *El bosque dinosaurio* | |
| *¡Silencio!* | *La princesa vestida con una bolsa de papel*<br>Hablemos de Libros 08<br>(tercera lectura en voz alta) | |
| **Opción 1: Hacer rebotar y contar**<br><br>Enseñanza Intencional M18, "Hacer rebotar y contar"; varias pelotas<br><br>**Opción 2: Números desechados**<br><br>Enseñanza Intencional M04, "Tarjetas de números"; objetos desechados ; juego de tarjetas con números que tengan en el reverso los números escritos en palabras | **Opción 1: Llevar la cuenta de objetos desechados**<br><br>Enseñanza Intencional M06, "Llevar la cuenta"; tablillas; papel; lápices o crayones; objetos desechados<br><br>**Opción 2: ¿Cuántas clases distintas?**<br><br>Enseñanza Intencional M02, "Contar y comparar"; cartulina; marcador; objetos desechados | |
| Mega Minutos 72, "La bamba" | Mega Minutos 24, "Tintan, tintan" | |

# Exploración del tema

## ¿Qué sabemos acerca de cómo reducir, reutilizar y reciclar?
## ¿Qué queremos averiguar?

**Vocabulario**

**Español:** *reciclaje, reciclar*

**Inglés:** *recycling*

Consulte vocabulario adicional en Hablemos de Libros 08,
*La princesa vestida con una bolsa de papel* (*The Paper Bag Princess*).

## Todo el grupo

**Rutina inicial**

- Canten una bienvenida y hable de quiénes están presentes.

> **Consulte *Para comenzar el año* para obtener más información e ideas acerca de cómo planear su rutina inicial. Consulte Enseñanza Intencional SE02, "¡Mira quién está aquí!", para obtener ideas sobre planillas de asistencia.**

**Juego: ¿Qué hay dentro de la caja?**

- Use Mega Minutos 31, "¿Qué hay dentro de la caja?"

- Siga la orientación ofrecida en la tarjeta. Use algo interesante que esté por tirar, por ejemplo, un cartón de huevos vacío, un recipiente de plástico o un pedazo de tela.

> **Use su criterio con respecto a las clases de objetos desechados que permita en el salón. Preste atención especial a la manera como instruye a los niños para que los manipulen.**

**Comentarios y escritura compartida: Basura encontrada**

- Camine por la escuela antes de que lleguen los niños. Preste atención a cualquier basura o desecho que vea en los predios de la escuela. Fotografíe o recoja algo.

- Muestre la basura o las fotos que sacó al caminar en la mañana.

- Explique, "Estuve caminando por la escuela esta mañana y encontré esto".

- Pregunte, "¿Qué es? ¿Cómo creen ustedes que llegó allí? ¿Quién creen ustedes que lo usó?"

- Escriba las respuestas ofrecidas.

- Revise la pregunta del día que se encuentra en el cuadro "Un vistazo". Invite a los niños a hablar de la basura que hayan visto.

---

**Niños que aprenden una segunda lengua**
Recuerde que algunas preguntas de respuesta abierta pueden ser demasiado difíciles para que puedan responderlas los niños que están aprendiendo una lengua nueva. En ese caso, haga preguntas de respuesta cerrada, p. ej., "¿Se le cayó a alguien del bolsillo? ¿Alguien lo tiró al piso?" A medida que haga preguntas, use gestos para ayudar a los niños a entender, p. ej., tirar algo al suelo.

---

Antes de hacer la transición a las áreas de interés, describa los libros disponibles en el área de biblioteca que tratan de los desechos, la basura y el reciclaje. A medida que muestre cada uno de los libros, estimule el interés de los niños en los libros, señalando ilustraciones e información en los libros.

## Hora de escoger

Al interactuar con los niños en las áreas de interés, dedique tiempo a:

- Explorar con los niños los nuevos libros disponibles en el área de biblioteca.

- Explicar nuevo vocabulario, p. ej., *el reciclaje*.

- Prestar atención a lo que saben, les interesa y a las preguntas que hagan. Escriba las ideas ofrecidas.

## Lectura en voz alta

Lea el libro *La princesa vestida con una bolsa de papel*.

- Use Hablemos de Libros 08, *La princesa vestida con una bolsa de papel*, y siga la orientación ofrecida en la tarjeta para realizar la primera lectura en voz alta.

## Grupos pequeños

**Opción 1: Letras, letras y más letras**

- Consulte Enseñanza Intencional LL07, "Letras, letras y más letras", y siga la orientación ofrecida en la tarjeta.

**Opción 2: Tesoros escondidos**

- Consulte Enseñanza Intencional LL21, "Tesoros escondidos", y siga la orientación ofrecida en la tarjeta.

## Mega Minutos

- Use Mega Minutos 21, "Pin pon, ¿cuántos son?" Siga la orientación ofrecida en la tarjeta.

## Reunión final

- Recuerde los eventos del día.

- Invite a los niños que hayan explorado en el área de biblioteca libros que tratan de los desechos, la basura y el reciclaje, a que compartan sus descubrimientos.

# Exploración del tema

## ¿Qué sabemos acerca de cómo reducir, reutilizar y reciclar?
## ¿Qué queremos averiguar?

**Vocabulario**

**Español:** *describir*

**Inglés:** *describe*

## Todo el grupo

### Rutina inicial

- Canten una bienvenida y hable de quiénes están presentes.

### Canción: "Yo tenía cinco perritos"

- Use Mega Minutos 53, "Yo tenía cinco perritos". Siga la orientación ofrecida en la tarjeta.

### Comentarios y escritura compartida: ¿Qué es esta basura?

- Pase una canasta con cosas de la colección de objetos desechados.

- Invite a los niños a seleccionar algo que les interese.

- Pregunte, "¿Puedes *describir* ese objeto? ¿Cómo es y cómo se siente al tocarlo?"

- Escriba las descripciones ofrecidas por los niños.

- Amplíe lo que digan los niños agregando vocabulario, p. ej., diga, "Ramón dijo que el tubo que él tiene es rasposo. Y yo, al tocarlo con los dedos, lo siento áspero".

- Hable de la pregunta del día.

**Niños que aprenden una segunda lengua**
Algo común para los niños que están aprendiendo una lengua nueva es dejar de hablar la lengua que se habla en sus hogares en clase y, en lugar de hablar, usar por un tiempo expresiones no verbales cuando se dan cuenta de que otros no entienden qué dice. Esto no es una indicación ni de su habilidad, ni de su disposición a participar. Durante este periodo no verbal los niños usan expresiones faciales, gestos y otros movimientos corporales para comunicarse.

Antes de hacer la transición a las áreas de interés, hable de la creciente colección de objetos desechados, disponible en el área de descubrimientos y mencione cómo podrían explorarla.

## Hora de escoger

Al interactuar con los niños en las áreas de interés, dedique tiempo a:

- Observar a los niños mientras exploran los objetos desechados.

- Preguntar, "¿Cómo se habrán usado estos objetos?"

- Prestar atención para averiguar qué saben ya los niños sobre este tema de estudio.

## Lectura en voz alta

Lea el libro *¡Silencio!*

- **Antes de leer**, pregunte, "¿De qué creen que se trata este libro?"

- **Mientras lee**, use diferentes tonos de la voz para expresar lo que dice el libro, p. ej., una madre que habla con una voz tranquilizante; animales que producen sonidos fuertes o tonos suaves y bajos.

- **Después de leer**, pregunte, "¿Por qué no se durmió el bebé?"

**Niños que aprenden una segunda lengua**
Modificar la manera de hablar, p. ej., adaptando el volumen, el tono y la velocidad de la voz, ayuda a la comprensión de los niños.

## Grupos pequeños

### Opción 1: Jugar con lo impreso

- Consulte Enseñanza Intencional LL23, "Jugar con lo impreso", y siga la orientación ofrecida en la tarjeta.

### Opción 2: Bolsi-libros

- Consulte Enseñanza Intencional LL20, "Bolsi-libros", y siga la orientación ofrecida en la tarjeta.

A medida que continúe reuniendo la colección de objetos desechados en el salón, verifique que varios objetos como cajas, bolsas, letreros, ropa vieja y botellas, tengan texto impreso. Las palabras en esos objetos a menudo son las primeras que los niños reconocen a simple vista. El material impreso del entorno les ayuda a comprender que leer quiere decir descifrar el significado del texto y no solamente decir las palabras.

## Mega Minutos

- Use Mega Minutos 21, "Pin pon, ¿cuántos son?" Realice la actividad del reverso de la tarjeta.

## Reunión final

- Recuerde los eventos del día.
- Invite a los niños que hayan explorado objetos desechados en el área de descubrimientos a que compartan sus observaciones acerca de alguno de los objetos.

# ¿Qué sabemos acerca de cómo reducir, reutilizar y reciclar?
# ¿Qué queremos averiguar?

### Vocabulario

**Español:** *reutilizar, reducir, organizar*

**Inglés:** *reuse, reduce, organize*

Consulte vocabulario adicional en Hablemos de Libros 08,
*La princesa vestida con una bolsa de papel* (*The Paper Bag Princess*).

---

## Todo el grupo

**Rutina inicial**

- Canten una bienvenida y hable de quiénes están presentes.

**Canción: "Tengo un amiguito"**

- Use Mega Minutos 40, "Tengo un amiguito". Siga la orientación ofrecida en la tarjeta.

**Comentarios y escritura compartida: ¿Qué sabemos acerca de cómo reducir, reutilizar y reciclar?**

- Use la creciente colección de objetos desechados, así como otros objetos, para ayudar a los niños a pensar en lo que ya saben sobre cómo reducir, reutilizar y reciclar.

- Muestre una botella de plástico vacía y pregunte, "¿Qué debo hacer con esta botella? ¿Cómo podría *reutilizarla*, es decir, usarla otra vez?"

- Escriba una lista de las ideas ofrecidas en un papel blanco grande titulado, "¿Qué sabemos acerca de cómo reducir, reutilizar y reciclar?"

- Ahora muestre varias botellas de plástico vacías. Diga, "Tenemos muchas botellas de plástico. ¿Cómo podríamos reducir la cantidad de botellas que usamos? ¿Cómo podemos usar menos botellas?"

- Anote las ideas de los niños en una lista.

Antes de hacer la transición a las áreas de interés, hable de la creciente colección de objetos desechados, disponible en el área de descubrimientos. Explique, "Hoy necesito que me ayuden a pensar cómo organizar los objetos desechados durante la hora de escoger actividades".

---

## Hora de escoger

Al interactuar con los niños en las áreas de interés, dedique tiempo a:

- Preguntar, "¿Qué clases de objetos desechados tenemos?"

- Preguntar, "¿Cómo podemos organizar estas cosas?" Si los niños necesitan ayuda, pregunte, "¿En qué se parecen estos objetos? ¿En qué se diferencian?"

- Invitarlos a clasificar los objetos desechados en categorías.

## Lectura en voz alta

Lea el libro *La princesa vestida con una bolsa de papel.*

- Use Hablemos de Libros 08, *La princesa vestida con una bolsa de papel,* y siga la orientación ofrecida en la tarjeta para realizar la segunda lectura en voz alta.

## Grupos pequeños

### Opción 1: Collages hechos con objetos desechados

- Consulte Enseñanza Intencional LL32, "Descripciones artísticas", y siga la orientación ofrecida en la tarjeta.

- Proporcione a los niños varios objetos desechados, papel, marcadores, tijeras y pegamento. Invítelos a crear un collage.

### Opción 2: Escultura hecha con objetos desechados

- Consulte Enseñanza Intencional LL32, "Descripciones artísticas", y siga la orientación ofrecida en la tarjeta.

- Proporcione a los niños varios objetos desechados, pegamento, cinta adhesiva transparente, tijeras y arcilla para moldear e invítelos a crear una escultura.

> Consulte *El Currículo Creativo para educación preescolar, Volumen 2: Áreas de interés,* capítulo 9, para más información sobre cómo el arte estimula el aprendizaje y desarrollo de los niños.

## Mega Minutos

- Use Mega Minutos 07, "Alabío, alabao, ¿cuántos son?" Siga la orientación ofrecida en la tarjeta.

## Reunión final

- Recuerde los eventos del día.

- Repase la pregunta del día.

- Invite a los niños a mostrarle al grupo los collages o esculturas que hayan creado durante el periodo en grupos pequeños.

# Exploración el tema

## ¿Qué sabemos acerca de cómo reducir, reutilizar y reciclar?
## ¿Qué queremos averiguar?

**Vocabulario**

**Español:** *reutilizar, reciclaje, organizar*

**Inglés:** *reuse, recycling, organize*

## Todo el grupo

**Rutina inicial**

- Canten una bienvenida y hable de quiénes están presentes.

**Juego: ¿Qué hay dentro de la caja?**

- Use Mega Minutos 31, "¿Qué hay dentro de la caja?" Siga la orientación ofrecida en la tarjeta.

- Use algún objeto de la casa que por lo general se arroje a la basura.

**Comentarios y escritura compartida: ¿Qué sabemos acerca de cómo reducir, reutilizar y reciclar?**

- Pase otra canasta con cosas de la colección de objetos desechados.

- Señale algunos que vayan a ser arrojados a la basura y otros que podrían ser reciclados.

- Pregunte, "¿Qué saben ustedes acerca del *reciclaje*?"

- Corte por la mitad un tubo de toallas de papel y pegue las dos mitades para crear un par de binoculares imaginarios. Mire a través de ellos y explique, "A veces podemos hacer algo nuevo con cosas que íbamos a tirar a la basura".

- Pregunte, "¿Alguno de ustedes encontró en la canasta algo que se podría usar de otra manera?"

- Hable de la pregunta del día.

- Escriba las ideas ofrecidas en la lista titulada "¿Qué sabemos acerca de cómo reducir, reutilizar y reciclar?"

Antes de hacer la transición a las áreas de interés, hable de los materiales para hacer collages, disponibles en el área del arte, y de la colección de objetos desechados, disponible en el área de descubrimientos. Mencione que podrían continuar *organizando* los distintos objetos. Invite a quienes hayan clasificado objetos desechados el día anterior, a que muestren al grupo lo que hayan hecho.

> **Ayudar a los niños a asociar lo que han aprendido con información nueva incrementa la probabilidad de que los niños comprendan y recuerden nuevos contenidos.**

## Hora de escoger

Al interactuar con los niños en las áreas de interés, dedique tiempo a:

- Invitar a los niños a pensar en otra manera de organizar la colección de objetos desechados y a exhibirlos según categorías.

- Pedirles que le ayuden a hacer letreros para marcar las categorías.

- Hablar con los niños acerca de sus trabajos en el área del arte.

**Niños que aprenden una segunda lengua**
Considere elaborar letreros en los idiomas hablados en su grupo. Esto sirve para que los niños se sientan bienvenidos, los ayuda a pensar sobre las categorías y promueve la lectoescritura. Usted podría además codificar los idiomas por color, p. ej., escribir en azul los letreros en inglés y en rojo los letreros en español. Si usa este método, mantenga el mismo sistema de codificación por todo el salón.

## Lectura en voz alta

Lea el libro *¡Silencio!*

- **Antes de leer**, pregunte, "¿De qué se trata este libro?"

- **Mietras lee**, invite a los niños a encontrar al bebé en las ilustraciones.

- **Después de leer**, mire las ilustraciones con los niños. Hable del uso del collage del ilustrador.

## Grupos pequeños

**Opción 1: Hacer rebotar y contar**

- Consulte Enseñanza Intencional M18, "Hacer rebotar y contar", y siga la orientación ofrecida en la tarjeta.

**Opción 2: Números desechados**

- Consulte Enseñanza Intencional M04, "Tarjetas de números", y siga la orientación ofrecida en la tarjeta usando la colección de objetos desechados.

## Mega Minutos

- Use Mega Minutos 72, "La bamba". Realice la actividad de las rimas del reverso de la tarjeta.

## Reunión final

- Recuerde los eventos del día.

- Invite a los niños que hayan organizado objetos desechados en el área de arte a que describan cómo agruparon los objetos.

## ¿Qué sabemos acerca de cómo reducir, reutilizar y reciclar? ¿Qué queremos averiguar?

### Vocabulario

Consulte vocabulario adicional en Hablemos de Libros 08, *La princesa vestida con una bolsa de papel* (*The Paper Bag Princess*).

---

## Todo el grupo

### Rutina inicial

- Canten una bienvenida y hable de quiénes están presentes.

### Juego: Simón dice o Tin marín

- Repase Mega Minutos 13, "Simón dice" y Mega Minutos 74, "Tin marín".

- Hable de la pregunta del día. Asegúrese de que cada niño vote por el juego que desearía jugar. Comente los resultados de la votación.

- Siga la orientación ofrecida en la tarjeta para realizar el juego "más popular".

### Comentarios y escritura compartida: ¿Qué queremos averiguar acerca de cómo reducir, reutilizar y reciclar?

Ponga la lista titulada "¿Qué sabemos acerca de cómo reducir, reutilizar y reciclar?" cerca del área para reunirse con todo el grupo de manera que pueda consultarla con frecuencia.

- Diga, "Ya sabemos mucho acerca de reducir, reutilizar y reciclar. Pensemos ahora en lo que queremos averiguar".

- Demuestre el proceso de hacer preguntas. Muestre, p. ej., una caja de reciclaje y pregúntese en voz alta qué se debe colocar allí: "Hummm, ¿qué debo colocar en esta caja de reciclaje?"

- Escriba las preguntas ofrecidas.

- Ayude a que los niños formulen preguntas. Por ejemplo, cuando alguien diga, "El señor Finn saca nuestra basura y tal vez la lleva a su casa", usted podría decir, "Estás pensando a dónde lleva el señor Finn la basura después de vaciar nuestros basureros todos los días. Voy a escribir en nuestra lista la pregunta, '¿A dónde lleva el señor Finn la basura de nuestro salón?'"

Algunas de las preguntas surgirán durante las investigaciones. Ayude a los niños a que aprendan el significado de la palabra *pregunta*. Después de que un niño haga una pregunta, diga, "Esa es una excelente *pregunta*. Vamos a escribirla en nuestra lista y a tratar de encontrar la respuesta".

Antes de hacer la transición a las áreas de interés, lea con los niños el libro *El bosque dinosaurio*. Señale el estilo artístico de hacer collage usado para ilustrar el cuento. Después de leer, hable de los materiales para hacer collages, disponibles en el área de arte, y mencione cómo podrían usarlos.

## Hora de escoger

Al interactuar con los niños en las áreas de interés, dedique tiempo a:

- Hablar con ellos acerca de sus obras artísticas y del proceso usado para crearlas. Escriba lo que digan.

- Exhibir las descripciones al lado de sus obras artísticas.

## Lectura en voz alta

Lea el libro *La princesa vestida con una bolsa de papel.*

- Use Hablemos de Libros 08, *La princesa vestida con una bolsa de papel,* y siga la orientación ofrecida en la tarjeta para realizar la tercera lectura en voz alta.

## Grupos pequeños

**Opción 1: Llevar la cuenta de los objetos desechados**

- Consulte Enseñanza Intencional M06, "Llevar la cuenta", y siga la orientación ofrecida en la tarjeta usando la colección de objetos desechados.

**Aprender a hacer un conteo ayuda a los niños a entender la correspondencia uno a uno, una destreza importante relacionada con los conceptos de números.**

**Opción 2: ¿Cuántas clases distintas?**

- Consulte Enseñanza Intencional M02, "Contar y comparar", y siga la orientación ofrecida en la tarjeta usando la colección de objetos desechados.

## Mega Minutos

- Use Mega Minutos 24, "Tin-tan, tin-tan". Siga la orientación ofrecida en la tarjeta.

## Reunión final

- Recuerde los eventos del día.

- Invite a quienes hayan hecho collages en el área de arte a mostrar sus obras y comentar algo de ellas.

# Investigación del tema

## Introducción

Usted ya ha comenzado a escribir listas con las ideas y preguntas de los niños acerca de cómo reducir, reutilizar y reciclar. Al poner en práctica el estudio, usted desarrollará investigaciones que ayudan a expandir las ideas, encontrar respuestas a preguntas, aprender conceptos y desarrollar destrezas importantes. En esta sección se incluyen planes diarios para investigar las preguntas hechas por los niños. No se limite a estas sugerencias. Úselas como fuente de inspiración para diseñar experiencias adaptadas a su propio grupo y a los recursos de su escuela y su comunidad. Aunque es importante responder a las ideas de los niños y seguir sus sugerencias a medida que evoluciona su pensamiento, también es importante que usted organice el estudio y considere distintas posibilidades. Revise las páginas tituladas "Un vistazo" donde encontrará sugerencias de Experiencias sorprendentes. Estos eventos requieren ser planeados por anticipado.

# Investigación 1

## ¿Qué desechan las personas?

| | Día 1 | Día 2 |
|---|---|---|
| Áreas de interés | **Descubrimientos:** colección de objetos desechados; cartulina, cartón o papel grueso; pegamento | **Biblioteca:** material impreso de la colección de objetos desechados |
| Pregunta del día | ¿Qué tiraron a la basura hoy? | ¿Toda la basura tiene mal olor? |
| Todo el grupo | **Movimiento:** Imán y metal<br><br>**Comentarios y escritura compartida:** La basura del salón de clase<br><br>**Materiales:** Mega Minutos 67, "Imán y metal"; bolsa de basura seleccionada; guantes | **Movimiento:** Rebota, pelota<br><br>**Comentarios y escritura compartida:** Los desechos y la basura del hogar<br><br>**Materiales:** Mega Minutos 43, "Rebota, pelota"; una imagen de basura; algo desechado con texto impreso; una foto de su bote en casa |
| Lectura en voz alta | *Algo de nada* | *¡Yo apesto!* |
| Grupos pequeños | **Opción 1: Problemas de matemáticas**<br><br>Enseñanza Intencional M22, "Problemas de matemáticas"; colección de objetos pequeños manipulables<br><br>**Opción 2: Matemáticas con bolos de boliche**<br><br>Enseñanza Intencional M22, "Problemas de matemáticas"; 10 botellas de plástico parcialmente llenas de arena o de piedritas; una pelota suave | **Opción 1: Patrones hechos con objetos desechados**<br><br>Enseñanza Intencional M14, "Patrones"; objetos desechados; papel de construcción, crayones o marcadores<br><br>**Opción 2: Movimientos para crear patrones**<br><br>Enseñanza Intencional M35, "Movimientos para crear patrones"; tarjetas que describen acciones; cuadro de bolsillo |
| Mega Minutos | Mega Minutos 68, "Tengo un secreto"; estambre o aros grandes; varios objetos para clasificar | Mega Minutos 36, "Patrones con el cuerpo" |

## Dedique tiempo para…

**Juguetes y juegos:** bolos hechos con botellas de plástico llenas parcialmente de arena o piedritas; una pelota suave

¿Dónde encontraremos un bote de basura hoy? (Muestre fotos de dos lugares en la escuela.)

**Juego:** Patrones con el cuerpo

**Comentarios y escritura compartida:** ¿Qué se desecha en la escuela?

**Materiales:** Mega Minutos 36, "Patrones con el cuerpo"; Enseñanza Intencional SE01, "Visitas a sitios"; tablillas pequeñas con sujetapapeles; papel y lápices

*Don Radio*
Hablemos de Libros 11
(primera lectura en voz alta)

**Opción 1: Tarjetas de letras**

Enseñanza Intencional LL03, "Tarjetas de letras"; letras pequeñas; objetos pequeños manipulables; colección de objetos desechados

**Opción 2: Letras con texturas**

Enseñanza Intencional LL15, "Letras con texturas"; objetos desechados; papel grueso o cartulina; una letra hecha con una variedad de materiales

Mega Minutos 65, "Patrones de niños"

### Experiencias al aire libre

**Residuos enterrados**

- Entierre al aire libre residuos orgánicos como el corazón de una manzana o la cáscara de una banana. Préstele atención dónde los entierra ya que más adelante en el estudio ustedes excavarán el lugar cuando hablen sobre cómo producir abono orgánico.

**Ejercicio divertido**

- Consulte Enseñanza Intencional P20, "Hacer figuras con el cuerpo", y siga la orientación ofrecida en la tarjeta.

### Colaboración con las familias

- Envíe una nota a los hogares pidiendo a los parientes que comenten con los niños qué suelen arrojar a la basura. Explique en la nota que ha pedido a los niños que traigan varias clases de objetos desechados, como una caja vacía o un empaque de algún producto que podría ser usado para crear algo útil.

### Experiencias sorprendentes

- Día 3: Caminar por la escuela para investigar los botes de basura en distintos lugares, p. ej., la cocina, el salón de clase y una oficina

# Investigación 1

## ¿Qué desechan las personas?

**Vocabulario**

**Español:** *algo, nada*

**Inglés:** *something, nothing*

## Todo el grupo

**Rutina inicial**

- Canten una bienvenida y hable de quiénes están presentes.

**Movimiento: Imán y metal**

- Use Mega Minutos 67, "Imán y metal". Siga la orientación ofrecida en la tarjeta.

**Comentarios y escritura compartida: La basura del salón de clase**

- Repase la pregunta del día.

- Seleccione una bolsa de basura del salón de clase.

> **Al reunir basura del salón, incluya cosas que regularmente serían arrojadas a la basura en el salón. No incluya alimentos ni objetos peligrosos.**

- Muestre a los niños la bolsa de basura y explique, "Esto es una bolsa de basura de nuestro salón de clase. Me pregunto qué contiene".

- Invite a los niños a predecir qué hay en la bolsa. Escriba sus predicciones.

- Póngase un par de guantes. Explique que al explorar la basura es importante usar guantes porque la basura tiene gérmenes. Si es posible, proporcione guantes a los niños para que puedan sacar los objetos de la bolsa.

- Examine la bolsa de basura y hable de lo que se arroja a la basura en el salón.

- Haga una lista de los objetos en la bolsa y titúlela, "¿Qué hay en la basura de nuestro salón?"

- Pregunte, "¿Qué habrá en la basura después de la hora de la merienda?" Escriba en la lista las respuestas ofrecidas.

Antes de hacer la transición a las áreas de interés, invite a los niños a que le ayuden a clasificar la basura en el área de descubrimientos.

## Hora de escoger

Al interactuar con los niños en las áreas de interés, dedique tiempo a:

- Preguntar, "¿Qué tipos de basura hay en la bolsa de basura del salón?"

- Preguntarse en voz alta acerca de los materiales y formular preguntas que ayuden a los niños a clasificar los objetos, p. ej., "Hummm… la tapa de este marcador es de plástico y este vaso es de plástico. ¿Tenemos aquí otras cosas desechadas que sean de plástico?"

- Invitar a los niños a clasificar los objetos desechados en tres pedazos de cartón, cartulina o papel grueso, usando uno para los objetos de plástico, otro para los de metal y otro para el papel.

- Pedirles a los niños que después de clasificar la basura, peguen algunos objetos al cartón o a otro material para hacer una exhibición.

## Lectura en voz alta

Lea el libro *Algo de nada.*

- **Antes de leer**, lea a los niños el nombre del libro y diga, "Me pregunto cómo podrían hacer ustedes *algo* de *nada*".

- **Mientras lee**, haga pausas e invite a los niños a predecir lo que va a hacer a continuación el abuelo.

- **Después de leer**, pregunte, "¿Cómo hizo el abuelo *algo* de *nada*?"

## Grupos pequeños

**Opción 1: Problemas de matemáticas**

- Consulte Enseñanza Intencional M22, "Problemas de matemáticas", y siga la orientación ofrecida en la tarjeta.

**Opción 2: Matemáticas con bolos de boliche**

- Consulte Enseñanza Intencional M22, "Problemas de matemáticas".

- Invite a los niños a jugar a los bolos. Haga 10 bolos usando botellas de plástico parcialmente llenas de arena o de piedritas y use una pelota suave.

- Coloque los bolos e invite a los niños a jugar a los bolos con usted. Permítales jugar con los materiales por unos cuantos minutos.

- Siga la orientación ofrecida en la tarjeta para crear problemas matemáticos usando los materiales del bolo.

> **Este juego de bolos es una manera divertida de ayudar a los niños a aprender destrezas de sustracción y a separar o a descomponer números. De esta manera, adquieren destrezas básicas de sustracción y aprenden maneras de formar un grupo de 10 objetos.**

## Mega Minutos

- Use Mega Minutos 68, "Tengo un secreto".

- Siga la orientación ofrecida en la tarjeta, utilizando cosas desechadas en la basura.

## Reunión final

- Recuerde los eventos del día.

- Invite a los niños que hayan creado exhibiciones con objetos desechados a mostrar y hablar de sus trabajos.

- Ayúdeles a formular preguntas para hacerles a sus familias acerca de la basura que se produce en el hogar. Escriba las respuestas ofrecidas en un papel blanco grande. Cuelgue la lista donde las familias puedan verla cuando recojan a los niños.

- Recuérdeles entrevistar a los parientes con respecto a lo que desechan. Anímelos a dibujar o a fotografiar los contenidos del bote de basura de la casa.

> **Si las familias no suelen recoger a los niños en la escuela y, por lo tanto, no podrían ver la lista pegada en la escuela, trate de hacer estas preguntas temprano en la mañana. Usted podría escribirlas en una hoja de papel y copiarlas para que los niños las lleven a casa.**

# Investigación 1

## ¿Qué desechan las personas?

**Vocabulario**

**Español:** *compactado*

**Inglés:** *compacted*

---

### Todo el grupo

**Rutina inicial**

- Canten una bienvenida y hable de quiénes están presentes.

**Movimiento: Rebota, pelota**

- Use Mega Minutos 43, "Rebota, pelota".

- Haga la versión en el reverso de la tarjeta, y adapte la canción al tema del estudio, por ejemplo, "Al bote, bote, bote, echemos la basura".

**Comentarios y escritura compartida: Los desechos y la basura del hogar**

- Muestre una foto del bote de basura de su casa y hable de lo que contiene.

- Invíteles a los niños a recordar las entrevistas a sus parientes acerca de lo que se desecha en casa. Muestre las fotos o dibujos que hayan traído.

- Escriba las ideas ofrecidas en una lista titulada "¿Qué hay en nuestra basura en casa?"

- Hable de las diferencias entre lo que se arroja a la basura en el salón de clase y en casa.

Antes de hacer la transición a las áreas de interés, muestre a los niños alguna basura producida en casa que tenga texto impreso conocido. Lea en voz alta lo que está escrito. Explique que ellos podrían ayudarle a crear (o agregar a) un mural de palabras en el área de biblioteca con palabras encontradas en cosas de la colección de objetos desechados.

---

### Hora de escoger

Al interactuar con los niños en las áreas de interés, dedique tiempo a:

- Ayudar a los niños a identificar y separar material impreso del entorno.

- Hablar de las letras. Invite a los niños a leer palabras conocidas; diga, p. ej., "Marcos, en esta caja dice *leche*. *Leche* comienza con la letra *l*. Con esa misma letra comienza el nombre de Luisa. ¿Ves algo en estas dos cajas que comience con la letra *l*?"

**Niños que aprenden una segunda lengua**
Incluya objetos que tengan texto impreso en la lengua que se habla en los hogares de los niños. Cuando sea posible, pida a los familiares de los niños que aporten algunos objetos. Tener material impreso en la lengua que se habla en sus hogares ayuda a que todos los niños participen y se sientan orgullosos de su cultura y sus familias.

## Lectura en voz alta

Lea el libro *¡Yo apesto!*

- **Antes de leer**, diga el título del libro y pregunte, "¿De qué creen que se trata este libro?"

- **Mientras lee**, use distintos tonos de voz para hacer emocionante la lectura. Defina la palabra *compactado*.

- **Después de leer**, miren de nuevo unas cuantas páginas que muestren las distintas clases de cosas que las personas desechan. Hable con los niños sobre algunas de estas cosas.

- Repase la pregunta del día.

## Grupos pequeños

### Opción 1: Patrones hechos con objetos desechados

- Consulte Enseñanza Intencional M14, "Patrones", y siga la orientación ofrecida en la tarjeta usando la colección de objetos desechados.

### Opción 2: Movimientos para crear patrones

- Consulte Enseñanza Intencional M35, "Movimientos para crear patrones", y siga la orientación ofrecida en la tarjeta.

## Mega Minutos

- Use Mega Minutos 36, "Patrones con el cuerpo". Siga la orientación ofrecida en la tarjeta.

## Reunión final

- Recuerde los eventos del día.

- Invite a quienes hayan creado el mural de palabras en el área de biblioteca a que lean las palabras exhibidas.

**Para crear un mural de palabras, presente las letras del alfabeto a la altura de los ojos de los niños. Debajo de cada letra, agregue palabras (con ilustraciones, cuando sea posible) que empiecen con esa letra. Empiece el mural de palabras con el nombre y la foto de los niños del salón. A lo largo del año, agregue regularmente palabras que sean significativas y familiares para los niños, entre ellas, palabras relacionadas con el estudio. Anime a los niños a consultar el mural de palabras cuando estén escribiendo.**

## ¿Qué desechan las personas?

**Vocabulario**

Consulte vocabulario adicional en Hablemos de Libros 11, *Don Radio (Radio Man)*.

## Todo el grupo

**Rutina inicial**

- Canten una bienvenida y hable de quiénes están presentes.

**Juego: Patrones con el cuerpo**

- Use Mega Minutos 36, "Patrones con el cuerpo". Siga la orientación ofrecida en la tarjeta.

**Comentarios y escritura compartida: ¿Qué se desecha en la escuela?**

- Explique, "Hoy vamos a caminar por la escuela y a mirar los botes de basura".

- Pregunte, "¿Qué creen que vamos a encontrar cuando investiguemos los botes de basura de la escuela? ¿Ustedes creen que la basura es diferente en distintos lugares?"

- Mencione cómo podrían usar los sentidos para aprender más sobre la basura.

- Pregunte, "¿Por qué no es seguro tocar los botes de basura sin protegernos las manos?" Hable de los gérmenes.

- Hable de la pregunta del día.

> **Para obtener más información sobre cómo ayudar a los niños a anotar lo que han descubierto en las visitas a sitios, consulte Enseñanza Intencional LL45 "Dibujos de lo observado".**

Antes de hacer la transición a las áreas de interés, hable del juego de bolos disponible en el área de juguetes y juegos, y mencione cómo podrían usarlo.

## Hora de escoger

Al interactuar con los niños en las áreas de interés, dedique tiempo a:

- Escuchar a los niños mientras juegan a los bolos y prestar atención al uso que hagan de términos y conceptos numéricos.

- Sugerirles que cuenten el número de botellas que logran tumbar y el número de botellas que permanecen de pie.

- Hacer notar la figura que se forma al colocar los bolos para jugar (un bolo en la primera fila, dos bolos en la segunda, tres en la tercera y cuatro en la cuarta).

**Niños que aprenden una segunda lengua**

Invite a quienes están aprendiendo una segunda lengua a contar en la lengua que se habla en sus hogares y en el salón. Puede que ellos quieran enseñar a sus compañeros a contar en su idioma.

| | |
|---|---|
| **Lectura en voz alta** | Lea el libro *Don Radio*.<br><br>• Use Hablemos de Libros 11, *Don Radio*, y siga la orientación ofrecida en la tarjeta para realizar la primera lectura en voz alta. |

**Grupos pequeños**

| **Opción 1: Tarjetas de letras** | **Opción 2: Letras con texturas** |
|---|---|
| • Consulte Enseñanza Intencional LL03, "Tarjetas de letras", y siga la orientación ofrecida en la tarjeta usando la colección de objetos desechados. | • Consulte Enseñanza Intencional LL15, "Letras con texturas", y siga la orientación ofrecida en la tarjeta.<br><br>• Haga tarjetas de letras con texturas usando materiales de la colección de objetos desechados. |

| | |
|---|---|
| **Mega Minutos** | • Use Mega Minutos 65, "Patrones de niños". Siga la orientación ofrecida en la tarjeta. |

| | |
|---|---|
| **Reunión final** | • Recuerde los eventos del día.<br><br>• Invite a los niños a que compartan los dibujos que hicieron de lo que observaron al caminar por la escuela ese día. |

# Investigación 2

## ¿A dónde se lleva la basura? ¿Qué hacen quienes trabajan allí?

| | Día 1 | Día 2 | Día 3 |
|---|---|---|---|
| **Áreas de interés** | Computadoras: una computadora con acceso a Internet; versión electrónica del libro *Sam ayuda a reciclar*; Enseñanza Intencional LL26, "Búsqueda en Internet" | Descubrimientos: objetos para desbaratar, p. ej., teléfonos y radios viejos (sin pilas), destornilladores | Bloques: camiones de la basura |
| **Pregunta del día** | ¿A dónde se lleva la basura después de que la desechamos? | ¿Tienen alguna pregunta para la persona que nos visita? | ¿Tienen alguna pregunta para la persona que nos visita? |
| **Todo el grupo** | Movimiento: De viaje<br><br>Comentarios y escritura compartida: ¿A dónde se lleva la basura?<br><br>Materiales: Mega Minutos 63, "De viaje"; papel; lápices o marcadores; tablillas sujetapapeles pequeñas | Movimiento: El patio de mi casa<br><br>Comentarios y escritura compartida: Sigamos esa basura<br><br>Materiales: Mega Minutos 70, "El patio de mi casa"; mapa de la escuela (puede hacerlo el maestro) | Canción: "¡A reciclar!"<br><br>Comentarios y escritura compartida: Entrevista a alguien experto<br><br>Materiales: Mega Minutos 71, "¡A reciclar!"; cámara digital; botellas y latas reciclables |
| **Lectura en voz alta** | *Sam ayuda a reciclar* | *Don Radio*<br>Hablemos de Libros 11 (segunda lectura en voz alta) | *Sam ayuda a reciclar* |
| **Grupos pequeños** | Opción 1: Adivinanzas con rima<br><br>Enseñanza Intencional LL11, "Adivinanzas con rima"; accesorios cuyos nombres riman<br><br>Opción 2: Lista de rimas<br><br>Enseñanza Intencional LL10, "Lista de rimas"; poema o canción con palabras que riman; accesorios que representan algunas palabras del poema o la canción. | Opción 1: ¿Qué tan grueso es?<br><br>Enseñanza Intencional M62, "¿Qué tan grueso es?"; una variedad de objetos esféricos; una madeja de lana o cuerda; tijeras<br><br>Opción 2: ¿A cuál recipiente le cabe más?<br><br>Enseñanza Intencional M32, "¿A cuál recipiente le cabe más?"; mesa de arena; varios recipientes de plástico transparentes; vaso de papel; taza o lata para medir; embudo | Opción 1: Hacer libros<br><br>Enseñanza Intencional LL04, "Hacer libros"; cartón o cartulina; papel en blanco; lápices, crayones o marcadores; implementos para encuadernación<br><br>Opción 2: Hacer libros en la computadora<br><br>Enseñanza Intencional LL02, "Hacer libros en la computadora" |
| **Mega Minutos** | Mega Minutos 72, "La bamba" | Mega Minutos 47, "Un paso adelante" | Mega Minutos 38, "Allá en la fuente" |

## Dedique tiempo para…

**Descubrimientos:** compactadora; latas vacías; dos botes de basura o dos recipientes pequeños idénticos

¿Cuál contiene más latas? (Muestre dos recipientes, uno con latas aplastadas y uno con latas sin aplastar.)

**Canción:** "¡A reciclar!"

**Comentarios y escritura compartida:** ¿Botar o reciclar?

**Materiales:** Mega Minutos 71, "¡A reciclar!"; botellas y latas reciclables; *Sam ayuda a reciclar*; Seleccione una colección de desechos con cosas que sean reciclables y otras que no lo sean.

*Don Radio*
Hablemos de Libros 11 (tercera lectura en voz alta)

**Opción 1: Hacer libros**

Enseñanza Intencional LL04, "Hacer libros"; cartón o cartulina; papel en blanco; lápices, crayones o marcadores; implementos para encuadernación

**Opción 2: Hacer libros en la computadora**

Enseñanza Intencional LL02, "Hacer libros en la computadora"; cámara digital; computadora; impresora; banco de palabras individuales de los niños; ; papel implementos para encuadernación

Mega Minutos 01, "La gente de tu vecindario"

### Experiencias al aire libre

**Ejercicio divertido**

- Consulte Enseñanza Intencional P20, "Hacer figuras con el cuerpo", y siga la orientación ofrecida en la tarjeta.

> **Anime a los niños a contar de memoria a medida que sostengan cada figura hecha con el cuerpo**

### Colaboración con las familias

- Solicite a las familias que traigan algo desechado o una pieza de basura que tenga el símbolo del reciclaje.
- Sugiera a las familias que lean y discutan con sus niños la versión electrónica de *Sam ayuda a reciclar.*

### Experiencias sorprendentes

- Día 2: Entrevistar a la persona encargada de la limpieza en la escuela y seguir la la ruta que hace la basura por la escuela
- Día 3: Una entrevista a una persona encargada de la recolección de basura y una mirada al camión de la basura o del reciclaje

## ¿A dónde se lleva la basura?
## ¿Qué hacen quienes trabajan allí?

**Vocabulario**

**Español:** *reciclar*

**Inglés:** *recycle*

## Todo el grupo

**Rutina inicial**

- Canten una bienvenida y hable de quiénes están presentes.

**Movimiento: De viaje**

- Use Mega Minutos 63, "De viaje". Siga la orientación ofrecida en la tarjeta.

**Comentarios y escritura compartida: ¿A dónde se lleva la basura?**

- Hablen de la pregunta del día.

- Diga, "Me pregunto qué ocurre con la basura después de que la ponemos en el bote. ¿A dónde creen que se lleva? ¿Cómo podemos averiguarlo?"

- Escriba las respuestas ofrecidas.

- Invite a los niños a hacer un dibujo que muestre dónde piensan ellos que se lleva la basura. Escriba las ideas ofrecidas acerca de dónde creen que se lleva la basura y qué se hace con los desechos.

Antes de hacer la transición a las áreas de interés, invite a los niños a investigar la pregunta usando la computadora con ayuda de algún adulto durante la hora de escoger actividades.

## Hora de escoger

Al interactuar con los niños en las áreas de interés, dedique tiempo a:

- Ayudarles a usar la computadora para investigar a dónde se lleva la basura después que fue desechada.

**Para obtener más información respecto a cómo ayudar a los niños a usar Internet para encontrar respuestas a sus preguntas, consulte Enseñanza Intencional LL26, "Búsqueda en Internet".**

## Lectura en voz alta

Lea el libro *Sam ayuda a reciclar*.

- **Antes de leer**, muestre la cubierta del libro y pregunte, "¿De qué creen que se trata este libro?"

- **Mientras lee**, responda a las preguntas que tengan acerca del texto y las ilustraciones. Hable acerca lo que significa la palabra *reciclar*.

- **Después de leer**, pregunte, "¿Alguna vez han visto un camión de la basura o de reciclaje en su vecindario? ¿Cómo era? ¿Qué más notaron al ver el camión?"

- Diga a los niños que el libro estará disponible en la computadora.

## Grupos pequeños

**Opción 1: Adivinanzas con rima**

- Consulte Enseñanza Intencional LL11, "Adivinanzas con rimas", y siga la orientación ofrecida en la tarjeta.

**Opción 2: Lista de rimas**

- Consulte Enseñanza Intencional LL10, "Lista de rimas", y siga la orientación ofrecida en la tarjeta.

## Mega Minutos

- Use Mega Minutos 72, "La bamba". Siga la orientación ofrecida en la tarjeta.

## Reunión final

- Recuerde los eventos del día.

- Invite a los niños a compartir lo que descubrieron durante su búsqueda en Internet.

- Dígales que alguien que trabaja en el mantenimiento de la escuela, o alguien cuyo trabajo es encargarse de la basura, vendrá a visitarles al salón al día siguiente. Pregunte, "¿Qué quieren preguntarle a esa persona?"

- Escriba las preguntas ofrecidas.

# Día 2    Investigación 2

## ¿A dónde se lleva la basura?
## ¿Qué hacen quienes trabajan allí?

**Vocabulario**

Consulte vocabulario adicional en Hablemos de Libros 11, *Don Radio (Radio Man)*.

## Todo el grupo

**Rutina inicial**

- Canten una bienvenida y hable de quiénes están presentes.

**Movimiento: El patio de mi casa**

- Use Mega Minutos 70, "El patio de mi casa". Siga la orientación ofrecida en la tarjeta.

**Comentarios y escritura compartida: Sigamos esa basura**

- Repase la pregunta del día.

- Presente a la persona que trabaja en mantenimiento o en otro oficio encargándose de la basura.

- Invite a los niños a hacerle las preguntas que hayan formulado el día anterior durante la reunión final.

- Pregunte a su visitante, "Cuando nosotros botamos algo a la basura, ¿a dónde la lleva después de sacarla del salón?"

- Escriba la explicación.

- Pregunte a su visitante, "¿Podemos seguirle para ver qué hace con la basura?"

- Use un mapa de la escuela (o haga su propio mapa) para trazar la ruta que usted hace con los niños para seguir a su visitante mientras dispone de la basura. Marque todas las paradas que haga la basura a su paso, p. ej., la basura podría ponerse primero en el bote de basura más grande afuera de la puerta de la cocina y luego llevarse al depósito de basuras detrás de la escuela.

Antes de hacer la transición a las áreas de interés, hable de los objetos que se pueden desbaratar, disponibles en el área de descubrimientos, y mencione cómo podrían usarlos. Afloje los tornillos que estén apretados para que sea más fácil desbaratar los objetos.

## Hora de escoger

Al interactuar con los niños en las áreas de interés, dedique tiempo a:

- Observar cómo exploran los objetos en el área de descubrimientos.

- Notar cómo usan las herramientas y qué descubren.



## Lectura en voz alta

Lea el libro *Don Radio*.

- Use Hablemos de Libros 11, *Don Radio*, y siga la orientación ofrecida en la tarjeta para realizar la segunda lectura en voz alta.

**Niños que aprenden una segunda lengua**
Cuando observe a los niños que están aprendiendo una segunda lengua, usted podría notar que algunos de ellos repiten en voz baja palabras o frases en esa lengua para sí mismos. Estos niños están ensayando el lenguaje: están descubriendo la pronunciación, la entonación, la gramática y el significado de las palabras. Además están practicando el vocabulario nuevo.

## Grupos pequeños

**Opción 1: ¿Qué tan grueso es?**

- Consulte Enseñanza Intencional M62, "¿Qué tan grueso es?", y siga la orientación ofrecida en la tarjeta usando cosas de distintos tamaños de la colección de objetos desechados.

**Opción 2: ¿A cuál recipiente le cabe más?**

- Consulte Enseñanza intencional M32, "¿A cuál recipiente le cabe más?", y siga la orientación ofrecida en la tarjeta.

## Mega Minutos

- Use Mega Minutos 47, "Un paso adelante". Siga la orientación ofrecida en la tarjeta usando el cuadro que hicieron en la reunión final de ayer.

## Reunión final

- Recuerde los eventos del día.

- Recuerde a los niños la ruta seguida por la basura del salón hasta que sale de la escuela. Pregunte, "¿Cómo podemos averiguar qué ocurre con la basura después de sacarla de la escuela?"

- Mencione que al día siguiente vendrá a visitar el salón una persona encargada de la recolección de basura.

- Pregunte, "¿Qué desean preguntarle a la persona que nos visitará mañana?"

- Escriba las preguntas ofrecidas.

# ¿A dónde se lleva la basura?
# ¿Qué hacen quienes trabajan allí?

**Vocabulario**

**Español:** *real, imaginario*

**Inglés:** *real, pretend*

## Todo el grupo

**Rutina inicial**

- Canten una bienvenida y hable de quiénes están presentes.

**Canción: "¡A reciclar!"**

- Use Mega Minutos 71, "¡A reciclar!" Siga la orientación ofrecida en la tarjeta.

**Comentarios y escritura compartida: Entrevista a alguien experto**

- Presente a la persona encargada de la recolección de basura.

- Pida al visitante que explique lo que hace en su trabajo.

- Invite a los niños a hacer las preguntas que hayan formulado el día anterior durante la reunión final.

- Escriba las respuestas ofrecidas.

Antes de hacer la transición a las áreas de interés, hable de los camiones de basura disponibles en el área de bloques y mencione cómo podrían usarlos.

> **Recuerde tomar fotos de los niños mientras entrevistan al invitado que esté de visita. Exhiba las fotos junto con las preguntas de los niños, para documentar el aprendizaje a lo largo del estudio.**

## Hora de escoger

Al interactuar con los niños en las áreas de interés, dedique tiempo a:

- Observarles mientras juegan con los camiones de la basura.

- Prestar atención a la manera como usan en su juego lo que han aprendido durante el estudio.

## Lectura en voz alta

Lea el libro *Sam ayuda a reciclar.*

- **Antes de leer**, diga, "Hemos aprendido mucho entrevistando a expertos. Leamos este libro otra vez y veamos si la basura de Sam es transportada como la nuestra".

- **Mientras lee**, haga pausas y relacione la información en el libro con la que haya compartido la persona que vino de visita.

- **Después de leer**, haga una lista de los objetos reciclables en el cuento. Guarde la lista para comentarla mañana con todo el grupo.

## Grupos pequeños

### Opción 1: Hacer libros

- Consulte Enseñanza Intencional LL04, "Hacer libros".

- Diga, "Ya sabemos mucho acerca de los lugares a donde va la basura". Recuerde las entrevistas hechas por los niños a las personas encargadas de la limpieza del edificio y de la recolección de basura.

- Invite a los niños a que piensen en lugares imaginarios a los cuales podría ser llevada la basura. Diga, "Hagamos un libro acerca de lugares *imaginarios* a los cuales podría llevarse la basura".

- Siga la orientación en la tarjeta para ayudarles a hacer el libro.

### Opción 2: Hacer libros en la computadora

- Consulte Enseñanza Intencional LL02, "Hacer libros en la computadora".

- Diga, "Ya sabemos mucho acerca de los lugares a donde va la basura". Recuerde las entrevistas hechas por los niños a las personas encargadas de la limpieza del edificio y de la recolección de basura.

- Invite a los niños a que piensen en lugares imaginarios a los cuales podría ser llevada la basura. Diga, "Hagamos un libro acerca de lugares *imaginarios* a los cuales podría llevarse la basura".

- Siga la orientación en la tarjeta para ayudar a los niños a hacer un libro en la computadora.

> **A medida que los niños se desarrollan, la diferencia entre la realidad y lo imaginario se hace gradualmente más clara. Aunque los niños en edad preescolar por lo general conocen la diferencia entre lo que es real y lo que es imaginario, a veces se confunden y se creen que lo que imaginaron es real.**

## Mega Minutos

- Use Mega Minutos 38, "Allá en la fuente". Siga la orientación ofrecida en la tarjeta.

## Reunión final

- Recuerde los eventos del día.

- Escriba notas de agradecimiento a los visitantes. Invite a los niños a agregar dibujos a las notas y a firmar sus nombres.

# Investigación 2

## ¿A dónde se lleva la basura?
## ¿Qué hacen quienes trabajan allí?

**Vocabulario**

**Español:** *aplastar*

**Inglés:** *crush*

Consulte vocabulario adicional en Hablemos de Libros 11, *Don Radio* (*Radio Man*).

---

## Todo el grupo

**Rutina inicial**

- Canten una bienvenida y hable de quiénes están presentes.

**Canción: "¡A reciclar!"**

- Use Mega Minutos 71, "¡A reciclar!" Siga la orientación ofrecida en la tarjeta.

**Comentarios y escritura compartida: ¿Botar o reciclar?**

- Repase con los niños lo que ocurre en el libro *Sam ayuda a reciclar*.

- Relacione la historia con lo que hayan aprendido con las personas encargadas de la limpieza del edificio y de la recolección de basura.

- Proporcione elementos desechados que sean seguros para que los niños los clasifiquen.

- Diga, "Aquí tengo varios objetos desechados que están mezclados y necesito de su ayuda para clasificarlos. Algunas cosas pueden tirarse y otras pueden reciclarse".

- Invite a los niños a clasificar la basura.

- A medida que la clasifican, mire la lista de objetos que escribió cuando comentaron el libro el día anterior. Agregue a la lista los objetos que no estén incluidos. Señale el símbolo de reciclaje en algunos de los elementos.

- Explique a los niños que ellos podrían comenzar a reciclar objetos usados en el salón.

- Pregunte, "¿Qué se puede reciclar en el salón?"

- Escriba las respuestas ofrecidas.

- Diga, "Yo necesito ayuda para decidir dónde debo colocar las cajas de reciclaje". Invite a los niños a elegir los mejores lugares para recolectar los objetos reciclables.

Antes de hacer la transición a las áreas de interés, repase la pregunta del día. Hable de las latas y de la compactadora disponibles en el área de descubrimientos y mencione cómo podrían usarlas.

---

## Hora de escoger

Al interactuar con los niños en las áreas de interés, dedique tiempo a:

- Invitar a los niños a descubrir cuántas latas sin aplastar caben en un bote de basura y pedirles que comparen la cantidad anterior con el número de latas *aplastadas* que caben en el mismo bote de basura.

- Relacionar la experiencia de aplastar latas con lo que aprendieron sobre cómo la basura se aplasta en la parte posterior del camión de basura.

## Lectura en voz alta

Lea el libro *Don Radio.*

- Use Hablemos de Libros 11, *Don Radio.* Siga la orientación ofrecida en la tarjeta para realizar la tercera lectura en voz alta.

## Grupos pequeños

**Opción 1: Hacer libros**

- Consulte Enseñanza Intencional LL04, "Hacer libros".

- Diga, "Ya sabemos mucho acerca de los lugares reales a los cuales se lleva la basura". Recuerde a los niños las entrevistas hechas a las personas encargadas de la limpieza y de la recolección de basura.

- Invite a los niños a pensar en lugares imaginarios a los que podría llevarse la basura. Diga, "Hagamos un libro acerca de lugares imaginarios a los que podría llevarse la basura de nuestro salón".

- Siga la orientación en la tarjeta para ayudar a los niños a hacer el libro.

**Opción 2: Hacer libros en la computadora**

- Consulte Enseñanza Intencional LL02, "Hacer libros en la computadora".

- Diga, "Ya sabemos mucho acerca de los lugares reales a los cuales se lleva la basura". Recuerde a los niños las entrevistas hechas a las personas encargadas de la limpieza y de la recolección de basura.

- Invite a los niños a pensar en lugares imaginarios a los que podría llevarse la basura. Diga, "Hagamos un libro acerca de lugares imaginarios a los que podría llevarse la basura de nuestro salón".

- Siga la orientación en la tarjeta para ayudar a los niños a hacer el libro en la computadora.

> **Al ayudar a los niños a pensar en los lugares imaginarios a los cuales podría llevarse la basura, usted les ayuda a usar el lenguaje descontextualizado, o hablar de otro tiempo o lugar. Este tipo de charla es importante para el futuro éxito en la lectura debido a que la mayoría de libros relatan sucesos que ocurren en otros tiempos u otros lugares, de los cuales algunos son imaginarios**

## Mega Minutos

- Use Mega Minutos 01, "La gente de tu vecindario".

- Cree rimas nuevas haciendo referencia a personas encargadas de la limpieza y de la recolección de basura.

## Reunión final

- Recuerde los eventos del día.

- Invite a los niños que hayan aplastado latas en el área de descubrimientos a compartir con el grupo lo que hayan aprendido.

# Investigación 3

## ¿Cómo afectan los desechos y la basura a nuestra comunidad?

| | Día 1 | Día 2 |
| --- | --- | --- |
| Áreas de interés | **Bloques:** cajas vacías de varios tamaños | **Arte:** papel; marcadores; pintura |
| Pregunta del día | ¿Se debe tirar papel por la ventana de un auto o de un edificio? | ¿Los monstruos son reales o imaginarios? |
| Todo el grupo | **Poema:** "Quiero ser limpio"<br><br>**Comentarios y escritura compartida:** La basura esparcida<br><br>**Materiales:** Mega Minutos 69, "Quiero ser limpio"; pila pequeña de basura; ventilador; cámara digital | **Poema:** "Quiero ser limpio"<br><br>**Comentarios y escritura compartida:** La basura esparcida y los animales<br><br>**Materiales:** Mega Minutos 69, "Quiero ser limpio"; *Las aventuras de Gary y Harry* |
| Lectura en voz alta | *Las aventuras de Gary y Harry*<br>Hablemos de Libros 09<br>(primera lectura en voz alta) | *¡Yo apesto!* |
| Grupos pequeños | **Opción 1: Buscar y encontrar**<br><br>Enseñanza Intencional M03, "Buscar y encontrar"; objetos desechados; canasta grande<br><br>**Opción 2: Separar y clasificar**<br><br>Enseñanza Intencional M05, "Separar y clasificar"; objetos que puedan usarse para crear límites [como separadores] para clasificar; objetos desechados | **Opción 1: Problemas de matemáticas**<br><br>Enseñanza Intencional M22, "Problemas de matemáticas"; objetos pequeños manipulables para ser añadidos y sustraídos<br><br>**Opción 2: La hora de comer**<br><br>Enseñanza Intencional M01, "La hora de comer"; platos de papel o de plástico; cubiertos; servilletas, vasos y manteles individuales |
| Mega Minutos | Mega Minutos 47, "Un paso adelante" | Mega Minutos 46, "Caminando por el parque" |

Descubrimientos: objetos desechados

## Experiencias al aire libre

**Ejercicio divertido**

- Consulte Enseñanza Intencional P14, "Moviéndose por el bosque", y siga la orientación ofrecida en la tarjeta.

¿De qué encontraremos más en nuestra búsqueda de basura: papel o botellas?

## Colaboración con las familias

- Invite a algún pariente que toque algún instrumento musical a que les visite durante la siguiente investigación para ayudar a los niños a hacer instrumentos.
- Pida a los parientes que contribuyan con cajas y papel de regalo usados de distintos tamaños. Guarde estos materiales para la Investigación 5, "¿Cómo podemos hacer menos basura?"

**Poema:** "Quiero ser limpio"

**Comentarios y escritura compartida:** Búsqueda de basura esparcida

**Materiales:** Mega Minutos 69, "Quiero ser limpio"; guantes para todos los niños; objetos desechados

## Experiencias sorprendentes

- Día 3: "Búsqueda de basura" alrededor de la escuela

*Las aventuras de Gary y Harry*
Hablemos de Libros 09
(segunda lectura en voz alta)

**Opción 1: ¿Qué falta?**

Enseñanza Intencional LL18, "¿Qué falta?"; una bolsa o una caja con objetos desechados; una hoja de papel

**Opción 2: Juegos para la memoria**

Enseñanza Intencional LL08, "Juegos para la memoria"; un juego para la memoria, un juego de lotería o una colección de objetos o imágenes duplicadas

Mega Minutos 85, "¿Qué rima con tu nombre?"

# ¿Cómo afectan los desechos y la basura a nuestra comunidad?

**Vocabulario**

**Español:** *basura esparcida*

**Inglés:** *litter*

Consulte vocabulario adicional en Hablemos de Libros 09, *Las aventuras de Gary y Harry*, (*The Adventures of Gary & Harry*).

## Todo el grupo

**Rutina inicial**

- Canten una bienvenida y hable de quiénes están presentes.

**Poema: "Quiero ser limpio"**

- Use Mega Minutos 69, "Quiero ser limpio". Siga la orientación ofrecida en la tarjeta.

**Niños que aprenden una segunda lengua**
Incorpore movimentos siempre que pueda al leer poemas y al cantar.

**Comentarios y escritura compartida: La basura esparcida**

- Haga una pequeña pila de basura y muéstresela a los niños.

- Use un ventilador para esparcirla por el salón.

- Mencione que la pila de basura ahora es basura esparcida por el salón.

- Explique, "*La basura esparcida* es basura que no está donde debe estar. En lugar de estar en un bote de basura o en una caja de reciclaje, está en el piso".

- Hable de la pregunta del día.

- Pregunte, "¿Por qué colocamos la basura en lugares especiales? ¿Qué necesitamos enseñarle al monstruo de la basura?"

- Escriba las ideas ofrecidas.

Antes de hacer la transición a las áreas de interés, hable de las cajas vacías disponibles en el área de bloques, y mencione cómo podrían usarlas mientras construyen.

## Hora de escoger

Al interactuar con los niños en las áreas de interés, dedique tiempo a:

- Observar a los niños mientras usan las cajas vacías en el área de bloques.

- Hacerles preguntas acerca de lo que están haciendo con las cajas.

- Tomar fotos de las construcciones hechas por los niños y exhibirlas en el área de bloques.

## Lectura en voz alta

- Use Hablemos de Libros 09, *Las aventuras de Gary y Harry*, y siga la orientación ofrecida en la tarjeta para realizar la primera lectura en voz alta.

**Niños que aprenden una segunda lengua**
Antes de leer un libro en la segunda lengua, preséntelo a los niños en las lenguas que se hablan en los hogares, si es posible. Si usted no habla esas lenguas, pídale ayuda a colegas o voluntarios.

## Grupos pequeños

**Opción 1: Buscar y encontrar**

- Consulte Enseñanza Intencional M03, "Buscar y encontrar", y siga la orientación ofrecida en la tarjeta usando la colección de objetos desechados.

**Para más información sobre los componentes de matemáticas, consulte *El Currículo Creativo para educación preescolar, Volumen 4: Matemáticas*, Capítulo 1.**

**Opción 2: Separar y clasificar**

- Consulte Enseñanza Intencional M05, "Separar y clasificar", y siga la orientación ofrecida en la tarjeta usando la colección de objetos desechados.

## Mega Minutos

- Use Mega Minutos 47, "Un paso adelante".
- Realice las actividades del reverso de la tarjeta, utilizando la lista que creó con todo el grupo.

## Reunión final

- Recuerde los eventos del día.
- Comparta fotos de las construcciones con bloques hechas por los niños. Invíteles a describir sus creaciones.

# Investigación 3

## ¿Cómo afectan los desechos y la basura a nuestra comunidad?

**Vocabulario**

**Español:** *basura esparcida, incinerador*

**Inglés:** *litter, incinerator*

## Todo el grupo

**Rutina inicial**

- Canten una bienvenida y hable de quiénes están presentes.

**Poema: "Quiero ser limpio"**

- Use Mega Minutos 69, "Quiero ser limpio". Siga la orientación ofrecida en la tarjeta.

- Hable de la pregunta del día.

**Comentarios y escritura compartida: La basura esparcida y los animales**

- Muestre las páginas en el libro *Las aventuras de Gary y Harry* que hablan de cuando Harry se ahogaba en una bolsa.

- Recuerde la demostración con basura esparcida realizada el día anterior. Pregunte, "¿Qué creen ustedes que les pasaría a los animales si dejamos mucha *basura esparcida* en el suelo?" Sugiérales que piensen en los animales de su comunidad.

- Escriba las respuestas ofrecidas.

- Comente cómo perjudica la basura a los animales. Explique que los animales podrían comerla y ahogarse; que la basura puede llegar hasta sus madrigueras; y que pueden quedar atrapados en la basura, lo cual les causará daño.

**Niños que aprenden una segunda lengua**

En cada oportunidad que tenga, vuelva a explicar, definir o mostrar a los niños el significado de la expresión *basura esparcida* y de otro vocabulario clave. Esta técnica les sirve a todos los niños.

Antes de hacer la transición a las áreas de interés, hable de los materiales disponibles en el área del arte. Comente cómo podrían usarlos para hacer letreros que digan, "No seas un monstruo desaseado" para la búsqueda de basura del día siguiente.

## Hora de escoger

Al interactuar con los niños en las áreas de interés, dedique tiempo a:

- Ayudar a los niños a escribir palabras en sus letreros de "No seas un monstruo desaseado".

- Pedirles que le hablen de los dibujos que hagan en sus letreros.

## Lectura en voz alta

Lea el libro *¡Yo apesto!*

- **Antes de leer**, pregunte, "¿De qué se trata el libro?"
- **Mientras lee**, hable de las partes del camión mencionadas en el libro.
- **Después de leer**, explique cómo llega la basura de una barcaza a un enorme basurero flotante o a un incinerador. Mencione que un *incinerador* es un lugar donde se quema la basura. Explique que un incinerador es como una gran chimenea con una puerta.

## Grupos pequeños

**Opción 1: Problemas de matemáticas**

- Consulte Enseñanza Intencional M22, "Problemas de matemáticas", y siga la orientación ofrecida en la tarjeta.

**Opción 2: La hora de comer**

- Consulte Enseñanza Intencional M01, "La hora de comer", y siga la orientación ofrecida en la tarjeta.

## Mega Minutos

- Use Mega Minutos 46, "Caminando por el parque". Siga la orientación ofrecida en la tarjeta.

## Reunión final

- Recuerde los eventos del día.
- Invite a los niños que hayan hecho letreros en el área de arte a mostrar y a hablar de su trabajo con el resto del grupo.

# ¿Cómo afectan los desechos y la basura a nuestra comunidad?

**Vocabulario**

**Español:** *basura esparcida*

**Inglés:** *litter*

Consulte vocabulario adicional en Hablemos de Libros 09, *Las aventuras de Gary y Harry* (*The Adventures of Gary & Harry*).

## Todo el grupo

**Rutina inicial**

- Canten una bienvenida y hable de quiénes están presentes.

**Poema: "Quiero ser limpio"**

- Use Mega Minutos 69, "Quiero ser limpio". Siga la orientación ofrecida en la tarjeta.

---

**Niños que aprenden una segunda lengua**
Repetir canciones y rimas conocidas usando movimientos ayuda a que los niños se sientan más a gusto participando. Además, esto les brinda una oportunidad de practicar la segunda lengua.

---

**Comentarios y escritura compartida: Búsqueda de basura esparcida**

- Mencione que van a salir a caminar en busca de basura ese día por la escuela.

- Hable de la pregunta del día.

- Mencione cómo se puede recoger la basura de manera segura y recuérdeles que es importante usar guantes al tocarla.

- Hable de cualquier basura que no se deba tocar, como los pedazos de vidrio.

- Pregunte, "¿Qué clases de basura creen que vamos a encontrar hoy al caminar?"

- Escriba las respuestas ofrecidas.

**Verifique que los niños se laven las manos al regresar de caminar en busca de basura.**

Antes de hacer la transición a las áreas de interés, muestre un objeto desechado y describa su forma. Muestre otro objeto y pida a los niños que describan la forma. Hable de la colección de objetos desechados, disponibles en el área de descubrimientos, y mencione cómo podrían clasificarlos según la forma.

## Hora de escoger

Al interactuar con los niños en las áreas de interés, dedique tiempo a:

- Hablar con los niños acerca de las formas encontradas en la colección de objetos desechados.

- Invitarlos a clasificar objetos según la forma.

- Ayudarles a describir figuras tridimensionales comparándolas con objetos conocidos, p. ej., "Esto tiene la forma de un lata".

**Niños que aprenden una segunda lengua**
Al comentar la forma que tiene cada objeto, muestre dibujos de las figuras básicas, p. ej., un círculo, un cuadrado, un triángulo o un rectángulo o muestre otros objetos pequeños manipulables que tengan forma similar. Después, como sea necesario, los niños podrían señalar las figuras apropiadas al describir durante la hora de escoger actividades sus objetos desechados.

## Lectura en voz alta

Lea el libro *Las aventuras de Gary y Harry*.

- Use Hablemos de Libros 09, *Las aventuras de Gary y Harry*. Siga la orientación ofrecida en la tarjeta para realizar la segunda lectura en voz alta.

## Grupos pequeños

**Opción 1: ¿Qué falta?**
- Consulte Enseñanza Intencional LL18, "¿Qué falta?", y siga la orientación ofrecida en la tarjeta usando la colección de objetos desechados.

**Opción 2: Juegos para la memoria**
- Consulte Enseñanza Intencional LL08, "Juegos para la memoria", y siga la orientación ofrecida en la tarjeta.

## Mega Minutos

- Use Mega Minutos 85, "¿Qué rima con tu nombre?" Siga la orientación ofrecida en la tarjeta.

## Reunión final

- Recuerde los eventos del día.

- Invite a los niños a compartir sus experiencias al buscar basura esparcida.

# Investigación 4

## ¿Cómo podemos reutilizar los desechos?

| | Día 1 | Día 2 | Día 3 |
|---|---|---|---|
| **Áreas de interés** | **Arte:** objetos desechados<br><br>**Computadoras:** versión electrónica del libro *No la tires ¡Úsala otra vez!* | **Música y movimiento:** objetos desechados; recipientes variados; bloques de madera | **Arte:** materiales de arte para disfraces y accesorios; bolsas de papel grandes |
| **Pregunta del día** | ¿Qué podemos hacer con esto? (Muestre un tubo de toallas de papel vacío.) | ¿Podemos usar esto para tocar música? (Muestre un pedazo de papel.) | ¿Podemos usar esto para tocar música? (Muestre un objeto desechado que podría producir música.) |
| **Todo el grupo** | **Movimiento:** Con un tubo de cartón<br><br>**Comentarios y escritura compartida:** Objetos desechados asombrosos<br><br>**Materiales:** Mega Minutos 64, "Con un tubo de cartón"; rollo de toallas de papel para cada niño; bolsa con cosas de la colección de objetos desechados | **Música:** "Música con todo"<br><br>**Comentarios y escritura compartida:** Hacer instrumentos<br><br>**Materiales:** Mega Minutos 66, "Música con todo"; varios materiales con los cuales se puedan hacer instrumentos; colección de objetos desechados | **Música:** "Música con todo"<br><br>**Comentarios y escritura compartida:** Prepararse para relatar de nuevo *La princesa vestida con una bolsa de papel*<br><br>**Materiales:** Mega Minutos 66, "Música con todo"; varios materiales con los cuales se puedan hacer instrumentos; colección de objetos desechados; *La princesa vestida con una bolsa de papel* |
| **Lectura en voz alta** | *No la tires ¡Úsala otra vez!* | *Las aventuras de Gary y Harry*<br>Hablemos de Libros 09<br>(tercera lectura en voz alta) | *La silla de Pedro*<br>Hablemos de Libros 10<br>(primera lectura en voz alta) |
| **Grupos pequeños** | **Opción 1: Hacer figuras**<br><br>Enseñanza Intencional M42, "Hacer figuras"; figuras geométricas; popotes de varias longitudes; papel; lápices o crayones<br><br>**Opción 2: Figuras de dos y tres dimensiones**<br><br>Enseñanza Intencional M42, "Hacer figuras"; arcilla; papel; lápices o crayones; figuras geométricas; popotes, de distintas longitudes; instrumentos de medición no convencionales | **Opción 1: Más o menos torres**<br><br>Enseñanza Intencional M12 "Medir y comparar"; instrumentos de medición no convencionales<br><br>**Opción 2: Recubrir espacios**<br><br>Enseñanza Intencional M34, "Recubrir espacios"; cinta de enmascarar; imágenes y muestras de varios recubrimientos de piso; bloques; papel; lápices o crayones | **Opción 1: Relato dramatizado del cuento** *La princesa vestida con una bolsa de papel*<br><br>Enseñanza Intencional LL06, "Relatos dramatizados"; *La princesa vestida con una bolsa de papel*; accesorios para el relato<br><br>**Opción 2: Cuelga cuentos** *La princesa vestida con una bolsa de papel*<br><br>Enseñanza Intencional LL33, "Cuelga cuentos"; *La princesa vestida con una bolsa de papel*; implementos de laminación o papel adhesivo transparente; 6 pies de cuerda; pinzas para tender la ropa; una estrella de papel; papel en blanco; un marcador; una bolsa grande sellable |
| **Mega Minutos** | Mega Minutos 57, "Letra y sonido"; tarjetas de letras | Mega Minutos 07, "Alabío, alabao, ¿cuántos son?" | Mega Minutos 15, "Tin marín de do pingüé"; recipiente con tapa; varios objetos pequeños manipulables |

| **Día 4** | **Día 5** |
| --- | --- |
| **Arte:** bolsas grandes de varios tamaños | **Arte:** unas cosas desechadas descritas en el libro *No la tires ¡Úsala otra vez!*; colección de objetos desechados<br><br>**Computadoras:** versión electrónica del libro *No la tires ¡Úsala otra vez!* |
| ¿Podemos hacer algo de esta bolsa de papel? | ¿Qué podemos hacer con esto? (Muestre un objeto desechado.) |
| **Canción:** "¡A reciclar!"<br><br>**Comentarios y escritura compartida:** Bolsas de papel<br><br>**Materiales:** Mega Minutos 71, "¡A reciclar!"; bolsas de papel de distintos tamaños; colección de objetos desechados | **Libro:** *No la tires ¡Úsala otra vez!*<br><br>**Comentarios y escritura compartida:** Hacer regalos<br><br>**Materiales:** El libro *No la tires ¡Úsala otra vez!*; colección de objetos encontrados |
| *¡Silencio!* | *La silla de Pedro*<br>Hablemos de Libros 10<br>(segunda lectura en voz alta) |
| **Opción 1: Letras hechas con palitos**<br><br>Enseñanza Intencional LL28, "Letras hechas con palitos"; una colección de palitos; tarjetas del alfabeto<br><br>**Opción 2: Caminar por las letras**<br><br>Enseñanza Intencional LL17, "Caminar por las letras"; cinta de enmascarar; tarjetas del alfabeto | **Opción 1: Relato dramatizado del cuento *La princesa vestida con una bolsa de papel***<br><br>Enseñanza Intencional LL06, "Relatos dramatizados"; *La princesa vestida con una bolsa de papel*; accesorios para el relato<br><br>**Opción 2: Cuelga cuentos *La princesa vestida con una bolsa de papel***<br><br>Enseñanza Intencional LL33, "Cuelga cuentos"; *La princesa vestida con una bolsa de papel*; implementos de laminación o papel adhesivo transparente; 6 pies de cuerda; pinzas para tender la ropa; una estrella de papel; papel en blanco; un marcador; una bolsa grande sellable |
| Mega Minutos 16, "Nada, nada, algo" | Mega Minutos 07, "Alabío, alabao, ¿cuántos son?" |

## Dedique tiempo para…

### Experiencias al aire libre

**Botar basura en relevos**

- Llene varios recipientes grandes con una mezcla de basura limpia y elementos reciclables.

- Coloque un basurero y una caja de reciclaje a varias yardas de distancia de los recipientes.

- Invite a los niños a trabajar en grupos pequeños haciendo relevos para botar la basura.

- En este juego de relevos, un niño selecciona algo de uno de los recipientes, corre hacia el bote de basura o hasta la caja de reciclaje, lo deja en el lugar apropiado y regresa. Luego, otro niño tiene un turno.

- Saque fotos.

### Colaboración con las familias

- Pregunte a las familias si pueden traer algo de la casa que consideren basura pero que podría ser utilizado para crear algo útil, p. ej., un frasco de mayonesa vacío; una caja de cereales; un rollo de papel de regalo vacío.

- Continúe pidiendo a los parientes que traigan papel de regalo usado y cajas de regalos usadas de distintos tamaños. Guarde estos materiales para la Investigación 5, "¿Cómo podemos crear menos basura?"

- Sugiera a las familias que lean y discutan con sus niños la versión electrónica de *No la tires ¡Úsala otra vez!*

### Experiencias sorprendentes

- Día 2: Visita de un pariente que toca un instrumento musical

## ¿Cómo podemos reutilizar los desechos?

**Vocabulario**

**Español:** *asombrosa*

**Inglés:** *amazing*

## Todo el grupo

**Rutina inicial**

- Canten una bienvenida y hable de quiénes están presentes.

**Movimiento: Con un tubo de cartón**

- Repase la pregunta del día.

- Use Mega Minutos 64, "Con un tubo de cartón". Siga la orientación ofrecida en la tarjeta.

**Comentarios y escritura compartida: Objetos desechados asombrosos**

- Llene una bolsa con objetos desechados para crear una bolsa de sorpresas.

- Pídale a cada niño que seleccione algo de la bolsa de sorpresas.

- Pregunte, "¿Qué podemos hacer con esta *asombrosa* basura?"

- Invite a los niños a pensar en distintas cosas que podrían hacer.

- Escriba las respuestas ofrecidas.

Antes de hacer la transición a las áreas de interés, menciónelos que pueden usar los objetos desechados de la colección para hacer algunas de las cosas que acaban de proponer.

> **Cuando usted usa expresiones faciales y el tono de su voz para transmitir entusiasmo con respecto a las actividades relacionadas con el estudio, motiva a los niños a continuar sus investigaciones sobre el tema.**

## Hora de escoger

Al interactuar con los niños en las áreas de interés, dedique tiempo a:

- Hablar acerca de las maneras en que podrían usar los juguetes partidos para hacer algo nuevo. Por ejemplo, los crayones partidos se podrían derretir para hacer un crayón entero.

- Ayudar a los niños a crear un área de objetos perdidos y encontrados que podrían ser usados de distintas maneras.

## Lectura en voz alta

Lea el libro *No la tires ¡Úsala otra vez!*

- **Antes de leer**, pregunte, "¿De qué creen que se trata el libro?"

- **Mientras lee**, haga pausas e invite a los niños a adivinar lo que se hará con los objetos.

- **Después de leer**, mire de nuevo algunas de las imágenes en el libro e invite a los niños a hablar sobre lo que les gustaría ver si pueden hacer.

## Grupos pequeños

### Opción 1: Hacer figuras

- Consulte Enseñanza Intencional M42, "Hacer figuras", y siga la orientación ofrecida en la tarjeta usando la colección de objetos desechados.

### Opción 2: Figuras de dos y tres dimensiones

- Consulte Enseñanza Intencional M42, "Hacer figuras".

- Siga la orientación ofrecida en la tarjeta. Invite a los niños a hacer figuras tridimensionales usando arcilla.

**Niños que aprenden una segunda lengua**
Las actividades en grupos pequeños dirigidas por los maestros pueden facilitarles a los niños la participación y la interacción con otros. La estructura de grupos pequeños les ayuda a hacer la transición de trabajar aislados a participar en grupos más grandes.

## Mega Minutos

- Use Mega Minutos 57, "Letra y sonido". Siga la orientación ofrecida en la tarjeta.

## Reunión final

- Recuerde los eventos del día.

- Invite a los niños a compartir algo de lo que hayan hecho con cosas de la colección de objetos desechados.

# ¿Cómo podemos reutilizar los desechos?

**Vocabulario**

Consulte vocabulario adicional en Hablemos de Libros 09,
*Las aventuras de Gary y Harry* (*The Adventures of Gary & Harry*).

## Todo el grupo

**Rutina inicial**

- Canten una bienvenida y hable de quiénes están presentes.

**Música: "Música con todo"**

- Repase la pregunta del día

- Use Mega Minutos 66, "Música con todo". Siga la orientación ofrecida en la tarjeta usando el papel que mostró al hacer la pregunta del día.

> **"Música con todo" es una excelente manera de usar las artes para enseñar conceptos ambientales.**

**Comentarios y escritura compartida: Hacer instrumentos**

- Diga, "Acabamos de tocar música usando solo un pedazo de papel. Veamos qué más podemos usar para hacer instrumentos".

- Proporcione diversos materiales que permitan que los niños experimenten haciendo instrumentos. Algunos de estos materiales podrían ser dos bloques de madera o varios recipientes para hacer tambores u objetos que los niños puedan golpear en el suelo.

- Invite a los niños a compartir ideas acerca de las distintas maneras en que se podrían usar cosas de la colección de objetos desechados para hacer instrumentos.

- Escriba las sugerencias ofrecidas.

Antes de hacer la transición a las áreas de interés, presente al pariente que vino de visita y hable de los materiales disponibles en el área del arte, y de cómo podrían usarlos para hacer instrumentos.

## Hora de escoger

Al interactuar con los niños en las áreas de interés, dedique tiempo a:

- Hacer preguntas acerca del proceso de sus trabajos. "¿Por qué escogiste esta botella? ¿Qué vas a agregar después?"

- Invite al pariente a compartir su experiencia con los instrumentos musicales.

**Niños que aprenden una segunda lengua**
Explicar un proceso es una destreza de nivel más avanzado que a menudo es una de las más difíciles de adquirir para los niños. Es posible que los niños sepan analizar tareas sencillas antes de poder expresar sus pensamientos en la segunda lengua. Para ayudarles, explique cada uno de los pasos del proceso a medida que se termine. Converse con los niños acerca de lo que están haciendo con tanta frecuencia como pueda.

## Lectura en voz alta

Lea el libro *Las aventuras de Gary y Harry*.

- Use Hablemos de Libros 09, *Las aventuras de Gary y Harry*. Siga la orientación ofrecida en la tarjeta para realizar la tercera lectura en voz alta.

## Grupos pequeños

**Opción 1: Más o menos torres**

- Consulte Enseñanza Intencional M12, "Medir y comparar", y siga la orientación ofrecida en la tarjeta.

**Opción 2: Recubrir espacios**

- Consulte Enseñanza Intencional M34, "Recubrir espacios", y siga la orientación ofrecida en la tarjeta.

## Mega Minutos

- Use Mega Minutos 07, "Alabío, alabao, ¿cuántos son?" Siga la orientación ofrecida en la tarjeta.

- Anime a los niños a guiar la actividad.

## Reunión final

- Recuerde los eventos del día.

- Repase la pregunta del día.

- Invite a los niños a compartir los instrumentos que hayan hecho en el área de arte ese día.

# ¿Cómo podemos reutilizar los desechos?

**Vocabulario**

Consulte vocabulario adicional en Hablemos de Libros 10,
*La silla de Pedro (Peter's Chair)*.

## Todo el grupo

**Rutina inicial**

- Canten una bienvenida y hable de quiénes están presentes.

**Música: "Música con todo"**

- Repase la pregunta del día.
- Use Mega Minutos 66, "Música con todo".
- Invite a los niños a desfilar por el salón tocando música con los instrumentos que hicieron ayer.

> **Consulte *El Currículo Creativo para la educación preescolar, Volumen 2: Áreas de interés*, capítulo 13, para más información sobre cómo la música estimula el desarrollo y el aprendizaje de los niños.**

**Comentarios y escritura compartida: Prepararse para relatar de nuevo *La princesa vestida con una bolsa de papel***

- Lea *La princesa vestida con una bolsa de papel*.

- Explique, "A veces usamos la música para relatar cuentos de nuevo. Hoy, vamos a relatar de nuevo el cuento *La princesa vestida con una bolsa de papel* en grupos pequeños. Usaremos los instrumentos que hicimos ayer para relatar el cuento otra vez. ¿Qué más necesitamos para poder relatarlo?"

- Miren de nuevo varias páginas del libro para inspirarse.

- Invite a los niños a pensar en algunos disfraces y accesorios que les ayuden a contar el cuento.

- Escriba las ideas ofrecidas.

Antes de hacer la transición a las áreas de interés, hable de los materiales disponibles en el área de arte, y mencione cómo podrían usarlos para hacer los disfraces y accesorios que propusieron.

## Hora de escoger

Al interactuar con los niños en las áreas de interés, dedique tiempo a:

- Hablar con ellos mientras hacen disfraces y accesorios y preguntarles acerca del proceso que siguen.

- Invitarlos a que consulten la lista para inspirarse.

## Lectura en voz alta

Lea el libro *La silla de Pedro.*

- Use Hablemos de Libros 09, *La silla de Pedro.* Siga la orientación ofrecida en la tarjeta para realizar la primera lectura en voz alta.

## Grupos pequeños

**Opción 1: Relato dramatizado del cuento *La princesa vestida con una bolsa de papel***

- Consulte Enseñanza Intencional LL06, "Relatos dramatizados", y siga la orientación ofrecida en la tarjeta para relatar de nuevo *La princesa vestida con una bolsa de papel.*

**Opción 2: Cuelga cuentos *La princesa vestida con una bolsa de papel***

- Consulte Enseñanza Intencional LL33, "Cuelga cuentos", y siga la orientación ofrecida en la tarjeta para relatar de nuevo *La princesa vestida con una bolsa de papel.*

## Mega Minutos

- Use Mega Minutos 15, "Tin marín de do pingüe". Siga la orientación ofrecida en la tarjeta.

## Reunión final

- Recuerde los eventos del día.
- Muestre fotos del juego de relevos con el cubo de la basura y el recipiente de reciclaje que los niños han estado usando para jugar al aire libre.

# ¿Cómo podemos reutilizar los desechos?

**Vocabulario**

**Español:** *reutilizar*

**Inglés:** *reuse*

## Todo el grupo

**Rutina inicial**

- Canten una bienvenida y hable de quiénes están presentes.

**Canción: "¡A reciclar!"**

- Use Mega Minutos 71, "¡A reciclar!" Siga la orientación ofrecida en la tarjeta.

**Comentarios y escritura compartida: Bolsas de papel**

- Muestre unas cuantas bolsas de papel de distintos tamaños.

- Repase la pregunta del día.

- Pregunte, "¿Qué podemos hacer con una bolsa de papel? ¿Cómo podemos reutilizarla?" Preste atención a las respuestas de los niños que podrían incluir: envolver regalos, hacer libros, hacer marionetas, recoger basura o hacer disfraces.

- Escriba las respuestas ofrecidas.

Antes de hacer la transición a las áreas de interés, hable de las distintas bolsas de papel disponibles en el área del arte, y mencione cómo podrían usarlas para hacer algo de la lista que hicieron con todo el grupo.

## Hora de escoger

Al interactuar con los niños en las áreas de interés, dedique tiempo a:

- Ayudar a los niños a pensar en distintas maneras de reutilizar materiales, como dibujando en los dos lados de un pedazo de papel usado o construir algo usando cajas viejas de cartón.

## Lectura en voz alta

Lea el libro *¡Silencio!*

- **Antes de leer**, pregunte, "¿Quién recuerda de qué se trata este libro?"

- **Mientras lee**, haga pausas e invite a los niños a completar el texto repetitivo.

- **Después de leer**, hable de los sonidos de los animales. Explique que los sonidos que hacen los animales son descritos de distintas maneras por las personas que hablan distintos idiomas.

Diga, por ejemplo, "El pato en el libro dice *ghap, ghap*. Cuando yo hago el sonido del pato, yo digo en inglés *quack, quack* y en español *cuac, cuac*". Invite a los niños a que hagan los sonidos de los animales incluidos en el cuento. Hable de las semejanzas y las diferencias.

## Grupos pequeños

**Opción 1: Letras hechas con palitos**

- Consulte Enseñanza Intencional LL28, "Letras hechas con palitos", y siga la orientación ofrecida en la tarjeta.

**Opción 2: Caminar por las letras**

- Consulte Enseñanza Intencional LL17, "Caminar por las letras", y siga la orientación ofrecida en la tarjeta.

**Estas dos actividades en grupos pequeños ofrecen una manera multisensorial de aprender que las letras están hechas de líneas rectas, curvas e inclinadas. Cuando dirige la atención de los niños a estos segmentos lineales de las letras, usted los está preparando para la escritura.**

## Mega Minutos

- Use Mega Minutos 16, "Nada, nada, algo". Siga la orientación ofrecida en la tarjeta.

## Reunión final

- Recuerde los eventos del día.

- Invite a los niños a que hablen de la manera como utilizaron las bolsas de papel ese día en el área de arte.

# ¿Cómo podemos reutilizar los desechos?

**Vocabulario**

Consulte vocabulario adicional en Hablemos de Libros 10,
*La silla de Pedro (Peter's Chair).*

## Todo el grupo

**Rutina inicial**

- Canten una bienvenida y hable de quiénes están presentes.

**Libro: *No la tires ¡Úsala otra vez!***

- Lea de nuevo el libro *No la tires ¡Úsala otra vez!*

- Pregunte, "¿Quién recuerda lo que significa la palabra *reutilizar*?"

**Comentarios y escritura compartida: Hacer regalos**

- Repase la pregunta del día.

- Hable acerca de lo que hicieron los niños del libro con los objetos encontrados.

- Invite a los niños a pensar en algo que les gustaría hacer para alguien usando cosas de la colección de objetos desechados.

- Si necesitan ayuda, pase varios objetos desechados. Mientras exploran cada objeto, pregunte, "¿Qué podríamos hacer con esto?" Si es necesario, ofrezca sugerencias.

- Escriba las ideas ofrecidas.

Antes de hacer la transición a las áreas de interés, hable de los diversos materiales disponibles en el área de arte, y comente cómo podrían usarlos para hacer regalos. Diga a los niños que *No la tires ¡Usala otra vez!* estará disponible en la computadora.

## Hora de escoger

Al interactuar con los niños en las áreas de interés, dedique tiempo a:

- Hablar con los niños acerca de sus trabajos en el área del arte.

- Animarlos a mirar objetos de otra manera. Diga, por ejemplo, "Esa lata se usa para almacenar frijoles. Me pregunto cómo podríamos reutilizarla para guardar algo más".

## Lectura en voz alta

Lea el libro *La silla de Pedro.*

- Use Hablemos de Libros 10, *La silla de Pedro.* Siga la orientación ofrecida en la tarjeta para realizar la segunda lectura en voz alta.

## Grupos pequeños

### Opción 1: Relato dramatizado del cuento *La princesa vestida con una bolsa de papel*

- Consulte Enseñanza Intencional LL06, "Relatos dramatizados", y siga la orientación ofrecida en la tarjeta para relatar de nuevo *La princesa vestida con una bolsa de papel.*

### Opción 2: Cuelga cuentos *La princesa vestida con una bolsa de papel*

- Consulte Enseñanza Intencional LL33, "Cuelga cuentos", y siga la orientación ofrecida en la tarjeta para relatar de nuevo *La princesa vestida con una bolsa de papel.*

> Repetir las actividades de relatar de nuevo cuentos es una estrategia eficaz para desarrollar la comprensión de los niños y su entendimiento de la estructura del cuento. Las actividades de relatar de nuevo cuentos apoyan también el desarrollo de muchos otros componentes de la lectoescritura.

## Mega Minutos

- Use Mega Minutos 7, "Alabío, alabao, ¿cuántos son?" Siga la orientación ofrecida en la tarjeta.

## Reunión final

- Recuerde los eventos del día.
- Invite a los niños que hayan hecho regalos en el área del arte a mostrar sus creaciones al resto del grupo.

# Investigación 5

## ¿Cómo podemos hacer menos basura?

| | Día 1 | Día 2 |
|---|---|---|
| **Áreas de interés** | **Arte:** algunos de los objetos descritos en el libro *No la tires ¡Úsala otra vez!*; materiales de arte; objetos desechados | **Juego dramático:** pedazos de papel para envolver; cinta adhesiva transparente; tijeras; varias cajas |
| **Pregunta del día** | ¿Qué hacen ustedes con su ropa cuando ya no les sirve? | ¿Este regalo cabe en esta caja? (Muestre un regalo hecho con objetos desechados y una caja de menor tamaño.) |
| **Todo el grupo** | **Movimiento:** Imán y metal<br>**Comentarios y escritura compartida:** Reutilizar<br>**Materiales:** Mega Minutos 67, "Imán y metal"; imán; artículo de ropa que ya no use; *Sam ayuda a reciclar* | **Movimiento:** Mira cómo me muevo<br>**Comentarios y escritura compartida:** Usar menos en el salón<br>**Materiales:** Mega Minutos 05, "Mira cómo me muevo"; bote pequeño |
| **Lectura en voz alta** | *Algo de nada* | *¡Yo apesto!* |
| **Grupos pequeños** | **Opción 1: Tarro para adivinar**<br>Enseñanza Intencional M17, "Tarro para adivinar"; bote de plástico grande; colección de objetos para poner en el bote<br>**Opción 2: ¿Cuál tiene más?**<br>Enseñanza Intencional M19, "¿Cuál tiene más?"; cubetas de hielo o cartones de huevos; bolsas sellables; objetos de tamaño similar | **Opción 1: ¿En cuál figura estoy pensando?**<br>Enseñanza Intencional M20, "¿En cuál figura estoy pensando?"; cuerpos geométricos; recipientes vacíos semejantes en su forma a los cuerpos geométricos<br>**Opción 2: Libro de figuras**<br>Enseñanza Intencional M20, "¿En cuál figura estoy pensando?"; cuerpos geométricos; recipientes vacios semejantes en su forma a los cuerpos geométricos; objetos desechados; cámara digital; materiales para hacer un libro |
| **Mega Minutos** | Mega Minutos 65, "Patrones de niños" | Mega Minutos 25, "¡Alto!"; música para bailar; tarjetas de letras |

## Dedique tiempo para…

**Juego dramático:** pedazos de papel para envolver; cinta adhesiva transparente; tijeras; varias cajas

¿A ustedes les gusta comer esto? (Muestre algún alimento empacado conocido que tenga texto impreso.)

**Música:** "El patio de mi casa"

**Comentarios y escritura compartida:** Demasiada basura

**Materiales:** Mega Minutos 70, "El patio de mi casa"; bolsa de compras; pala; *Sam ayuda a reciclar*

*La silla de Pedro*
Hablemos de Libros 10
(segunda lectura en voz alta)

**Opción 1: Fui de compras**

Enseñanza Intencional LL31, "Fui de compras"; 5 o 6 muestras de material impreso; bolsa para compras

**Opción 2: Mural de palabras**

Enseñanza Intencional LL31, "Fui de compras"; 5 o 6 muestras de material impreso; bolsa para compras; tijeras

Mega Minutos 72, "La bamba"

## Experiencias al aire libre

**Ejercicio divertido**

- Consulte Enseñanza Intencional P18, "Hagamos rebotar la pelota", y siga la orientación ofrecida en la tarjeta.

## Colaboración con las familias

- Invite a los parientes a compartir con el grupo una merienda especial durante la celebración al final del estudio.

# ¿Cómo podemos hacer menos basura?

**Vocabulario**

**Español:** *reutilizado*

**Inglés:** *reused*

## Todo el grupo

**Rutina inicial**

- Canten una bienvenida y hable de quiénes están presentes.

**Movimiento: Imán y metal**

- Use Mega Minutos 67, "Imán y metal". Siga la orientación ofrecida en la tarjeta.

**Comentarios y escritura compartida: Reutilizar**

- Recuerde a los niños que los padres de Pedro, en el cuento *La silla de Pedro,* no desechaban sus cosas viejas; en lugar de eso se las daban a su hermana para usarlas.

- Muestre una prenda de ropa que usted no use más. Diga, "Iba a botarla porque ya no me sirve".

- Pregunte, "¿Qué podría hacer en lugar de botarla?"

- Repase la pregunta del día.

- Diga, "Yo sé que puedo darle la ropa que no uso a alguien. Y sé por el libro *La silla de Pedro* que puedo regalar los muebles que ya no necesito. Me pregunto qué otras cosas puedo darle a alguien en lugar de botarlas a la basura. ¿Qué otras cosas pueden ser *reutilizadas* por alguien más?"

- Escriba las respuestas ofrecidas por los niños, que podrían incluir bicicletas, juguetes, juegos, zapatos o computadoras.

- Explique, "Solo porque algo ya no es útil para nosotros, no quiere decir que no le sea útil a alguien más. Cuando le damos algo a alguien para que lo use en lugar de descartarlo, estamos haciendo menos basura".

- Lea de nuevo la página en el libro *Sam ayuda a reciclar* que habla de la cantidad de basura producida diariamente.

**Niños que aprenden una segunda lengua**
Responda siempre a los niños cuando intenten comunicarse, incluso si su mensaje no es claro. Use el contexto de la situación para adivinar lo que quiere decir un niño. Responda con una afirmación o una pregunta relacionada. Por ejemplo, si usted cree que un niño está diciendo *bici* responda "Podríamos darle a alguien la *bicicleta* para que la use".

Antes de hacer la transición a las áreas de interés recuerde a los niños acerca de los materiales disponibles en el área del arte y mencione cómo podrían usarlos para hacer regalos. Explique que ellos van a reutilizar cosas de la colección de objetos desechados y así harán menos basura.

## Hora de escoger

Al interactuar con los niños en las áreas de interés, dedique tiempo a:

- Hablar con los niños acerca de sus trabajos y preguntarles acerca de sus procesos.

- Invitarlos a hacer tarjetas para regalos y a escribir tanto como puedan, incluyendo firmar.

**Niños que aprenden una segunda lengua**
Ayude a los niños que están aprendiendo inglés dando ejemplos de cómo usar el lenguaje. Cuando usted dice, "Pregúntale a Lili: '¿Puedes, por favor, pasarme el pegamento?'", usted está animando a los niños a interactuar entre ellos y al mismo tiempo los ayuda a desarrollar el lenguaje.

## Lectura en voz alta

Lea el libro *Algo de nada*.

- **Antes de leer**, diga, "Leímos este libro antes durante nuestro estudio. Recuerden, este libro trata sobre un abuelo que hace cosas con la ropa vieja".

- **Mientras lee**, invite a los niños a que le digan lo que sigue.

- **Después de leer**, pregunte, "¿Cómo reutilizó el abuelo la ropa? ¿De cuántas maneras distintas la reutilizó?"

## Grupos pequeños

**Opción 1: Tarro para adivinar**

- Consulte Enseñanza Intencional M17, "Tarro para adivinar", y siga la orientación ofrecida en la tarjeta.

**Opción 2: ¿Cuál tiene más?**

- Consulte Enseñanza Intencional M19, "¿Cuál tiene más?", y siga la orientación ofrecida en la tarjeta.

## Mega Minutos

- Use Mega Minutos 65, "Patrones de niños". Siga la orientación ofrecida en la tarjeta.

## Reunión final

- Recuerde los eventos del día.

- Invite a los niños que hayan hecho regalos o tarjetas en el área de arte a compartir sus creaciones.

# ¿Cómo podemos hacer menos basura?

**Vocabulario**

**Español:** *desperdiciar, desperdicio, reducir*

**Inglés:** *waste, reduce*

## Todo el grupo

**Rutina inicial**

- Canten una bienvenida y hable de quiénes están presentes.

**Movimiento: Mira cómo me muevo**

- Use Mega Minutos 05, "Mira cómo me muevo". Siga la orientación ofrecida en la tarjeta.

**Comentarios y escritura compartida: Usar menos en el salón**

- Demuestre cómo desperdiciar papel. Escriba unas cuantas palabras en un pedazo de papel. Diga, "¡Oh… Oh…! Me equivoqué". Luego, arrugue el papel y arrójelo en una papelera pequeña. Repita estos pasos varias veces.

- Preste atención a la manera como responden los niños a sus acciones. Si le detienen, haga una pausa y hable del papel que usted ha desperdiciado.

- Si los niños no le detienen, continúe hasta que el bote comience a llenarse. En ese momento, deténgase y note en voz alta cuánto papel ha desperdiciado. Diga, por ejemplo, "¡Oh, no! ¡Usé muchas hojas de papel! Casi lleno la papelera. Realmente *desperdicié* mucho papel. Hice mucha basura y ahora no tenemos mucho papel para dibujar y escribir".

- Pregunte, "¿Qué podría haber hecho yo en lugar de usar tantas hojas de papel?"

- Explique, "Una manera de *reducir*, o hacer menos, basura es encontrar maneras de reutilizar lo que podríamos desechar, como los objetos desechados que hemos estado convirtiendo en regalos. Otra manera de hacer menos basura es usando menos. Cuando usamos menos de algo hacemos menos basura. Eso significa que no ponemos tantas cosas dentro de los botes de basura o de reciclaje".

- Pregunte, "¿Cómo podemos hacer menos basura en el salón? ¿Podemos usar menos de algo?" Estimule a los niños a pensar ofreciendo estos ejemplos: usar solo una toalla de papel en lugar de dos o tres, usar menos papel en el área de arte y ponerle las tapas a los marcadores para que no se sequen y los arrojemos a la basura.

- Escriba las ideas ofrecidas.

Antes de hacer la transición a las áreas de interés, diga, "Como estamos haciendo regalos, sería bueno envolverlos". Muestre la colección de cajas y de papel de regalos que las familias hayan traído. Explique, "Vamos a crear una tienda donde las personas puedan envolver sus regalos".

| Hora de escoger | Al interactuar con los niños en las áreas de interés, dedique tiempo a: | • Ayudar a los niños a crear una tienda donde los "clientes" puedan traer sus regalos para ser envueltos. Invite a los niños a tomar un número, esperar su turno, seleccionar el papel y el tamaño de la caja y "pagar" por el servicio de envolver el regalo. |
|---|---|---|
| | • Mirar juntos el diseño del papel para envolver y comentar las ocasiones que representan los diseños, p. ej., el nacimiento de un bebé, un matrimonio, una fiesta o un cumpleaños. | • Repase la pregunta del día. |

---

## Hora de escoger

Al interactuar con los niños en las áreas de interés, dedique tiempo a:

- Mirar juntos el diseño del papel para envolver y comentar las ocasiones que representan los diseños, p. ej., el nacimiento de un bebé, un matrimonio, una fiesta o un cumpleaños.

- Ayudar a los niños a crear una tienda donde los "clientes" puedan traer sus regalos para ser envueltos. Invite a los niños a tomar un número, esperar su turno, seleccionar el papel y el tamaño de la caja y "pagar" por el servicio de envolver el regalo.

- Repase la pregunta del día.

## Lectura en voz alta

Lea el libro *¡Yo apesto!*

- **Antes de leer**, pregunte, "¿Quién recuerda el gracioso título de este libro?"

- **Mientras lee**, hable de los objetos que podrían ser reutilizados en lugar de ser desechados.

- **Después de leer**, muestre las páginas que ofrecen una lista de desechos. Invite a los niños a que nombren otros desechos y basura que puedan añadir a la sopa.

## Grupos pequeños

**Opción 1: ¿En cuál figura estoy pensando?**

- Consulte Enseñanza Intencional M20, "¿En cuál figura estoy pensando?", y siga la orientación ofrecida en la tarjeta.

**Opción 2: Libro de figuras**

- Consulte Enseñanza Intencional M20, "¿En cuál figura estoy pensando?", y siga la orientación ofrecida en la tarjeta usando la colección de objetos desechados.

- Tome fotos de objetos desechados que tengan distinta forma. Invite a los niños a usar las fotos para crear un libro de figuras.

## Mega Minutos

- Use Mega Minutos 25, "¡Alto!" Realice las actividades del reverso de la tarjeta.

## Reunión final

- Recuerde los eventos del día.

- Invite a los niños que hayan jugado en el área de juego dramático a que hablen de sus experiencias en la tienda donde envolvieron regalos.

# ¿Cómo podemos hacer menos basura?

**Vocabulario**

**Español:** *descomponerse o degradarse, abono orgánico, tierra*

**Inglés:** *decompose, composting, soil*

Consulte vocabulario adicional en Hablemos de Libros 10, *La silla de Pedro* (*Peter's Chair*).

## Todo el grupo

**Rutina inicial**

- Canten una bienvenida y hable de quiénes están presentes.

**Música: "El patio de mi casa"**

- Use Mega Minutos 70, "El patio de mi casa". Siga la orientación ofrecida en la tarjeta.

**Comentarios y escritura compartida: Demasiada basura**

- Lleve al salón una bolsa de compras, p. ej., caja de cereal, alimentos enlatados, alimentos o artículos envueltos en plástico y al menos una fruta o un vegetal fresco.

- Muestre a los niños las distintas cosas en la bolsa. Hable del tipo de empaque usado para mantener frescos los alimentos.

- Mencione cuánta basura se genera con una sola bolsa de compras.

- Ayude a los niños a separar distintos empaques que se puedan reciclar. Pregunte, "¿Este empaque se llevará al basurero o al centro de reciclaje?"

- Haga notar que después de separar los elementos reciclables hay menos basura.

- Pregunte, "¿Y qué hacemos con la fruta fresca (o los vegetales frescos)? ¿Qué podríamos hacer con las partes que no vamos a comer?"

- Lea de nuevo la página del libro *Sam ayuda a reciclar* en la cual Sam explica que el plástico no se degrada.

- Recuerde a los niños el corazón de manzana u otro desecho orgánico que hayan enterrado juntos durante la primera investigación.

- Lleve a los niños afuera. Excave la basura e invítelos a mirarla.

- Explique, "Los residuos de alimentos se *descomponen* o *degradan* en pedazos pequeños. Alguna gente no arroja sus residuos de frutas y vegetales en la basura. En lugar de ello, los colocan en un recipiente especial en el jardín para producir *abono orgánico*. Cada varios días, ellos mezclan la basura y le agregan residuos del jardín como hojas y recortes de pasto. Cuando los desechos alimenticios se *descomponen* se convierten en *tierra*".

Antes de hacer la transición a las áreas de interés, hable del papel de regalos en el área de juego dramático y comente cómo podrían usarlo para envolver regalos.

| | | |
|---|---|---|
| **Hora de escoger** | Al interactuar con los niños en las áreas de interés, dedique tiempo a:<br><br>• Observar a los niños mientras envuelven regalos en el área de juego dramático. | • Invitarlos a marcar con precios las muestras de papel de regalo y las cajas. Ayúdelos si es necesario. |
| **Lectura en voz alta** | Lea el libro *La silla de Pedro.*<br><br>• Use Hablemos de Libros 10, *La silla de Pedro* y siga la orientación ofrecida en la tarjeta para realizar la tercera lectura en voz alta. | |
| **Grupos pequeños** | **Opción 1: Fui de compras**<br><br>• Repase la pregunta del día.<br><br>• Consulte Enseñanza Intencional LL31, "Fui de compras", y siga la orientación ofrecida en la tarjeta. | **Opción 2: Mural de palabras**<br><br>• Repase la pregunta del día.<br><br>• Consulte Enseñanza Intencional LL31, "Fui de compras", y siga la orientación ofrecida en la tarjeta.<br><br>• Recorte las palabras que los niños reconozcan en empaques de productos e invítelos a agregar las palabras al mural de palabras. |
| **Mega Minutos** | • Use Mega Minutos 72, "La bamba". Realice la actividad de las rimas del reverso de la tarjeta. | |
| **Reunión final** | • Recuerde los eventos del día.<br><br>• Invite a los niños que hayan jugado en el área de juego dramático a hablar acerca de sus experiencias en la tienda donde se envuelven regalos. | |

# Preguntas adicionales para investigar

### ¿Cómo podemos expandir el estudio?

Si los niños continúan interesados en este estudio y quieren averiguar más, usted podría investigar preguntas adicionales. Las siguientes son unas cuantas sugerencias:

- ¿Qué clase de desechos y basura son peligrosos?

- ¿Hay lugares sin desechos ni basura?

- ¿Qué ocurre con los autos y camiones viejos cuando ya no funcionan?

- ¿Qué clase de basura es la más común?

- ¿Cómo se hace el papel reciclado?

- ¿Por qué hay tanta basura en las playas y en los océanos?

¿Hay alguna pregunta adicional que usted desee averiguar para ampliar este estudio?

# Nuestra investigación

# Nuestra investigación

|  | Día 1 | Día 2 | Día 3 |
| --- | --- | --- | --- |
| Áreas de interés |  |  |  |
| Pregunta del día |  |  |  |
| Todo el grupo |  |  |  |
| Lectura en voz alta |  |  |  |
| Grupos pequeños |  |  |  |
| Mega Minutos |  |  |  |

| Día 4 | Día 5 | Dedique tiempo para… |
|---|---|---|
| | | Experiencias al aire libre |
| | | |
| | | Colaboración con las familias |
| | | |
| | | Experiencias sorprendentes |
| | | |

# Nuestra investigación

**Vocabulario**

**Español:**

**Inglés:**

## Todo el grupo

## Hora de escoger

## Lectura en
## voz alta

## Grupos
## pequeños

## Mega Minutos

## Reunión final

# Celebración de lo aprendido

# Para finalizar el estudio

Cuando el estudio termine –cuando se hayan respondido a la mayoría de las preguntas de los niños–, será importante hacer tiempo para reflexionar y celebrar. Planee una manera especial de celebrar lo que han aprendido y logrado. Permita que los niños asuman tanta responsabilidad como puedan para planear las actividades. He aquí unas cuantas sugerencias:

- Organice estaciones en las áreas de interés para que los niños muestren a los visitantes lo que investigaron sobre cómo reducir, reutilizar y reciclar.

- Invite a las familias a reunirse al grupo para participar en un festivo "Día de limpieza" en un parque local o en un área recreativa. Después de recoger basura, hagan un picnic libre de desechos.

- Hagan una exhibición artística de "Materiales desechados bellos" en la cual todo esté hecho de objetos encontrados.

- Hagan un libro de la clase, un álbum, un panel de documentación o una exhibición de diapositivas acerca del estudio.

- Organice un juego en el cual los niños y las familias hagan equipos para "encestar" latas y botellas de plástico en recipientes de reciclaje.

- Grabe un video de los niños demostrando lo que han aprendido y entrevistándose unos a otros acerca de cómo reducir, reutilizar y reciclar. Muestre el video a las familias.

- Invite a las familias a un recital de una "Banda con objetos desechados" para presentar a los niños tocando instrumentos hechos con objetos desechados.

- Si es posible, programe el estudio para que finalice alrededor del día 22 de abril de manera que su grupo pueda tomar parte en las celebraciones locales del Día de la Tierra. El Día de la Tierra es el 22 de abril de cada año.

En las siguientes páginas se se ofrecen planes diarios para dos días de celebración. Agregue sus ideas y las de los niños sobre cómo celebrar lo que han aprendido.

# Celebración de lo aprendido

|  | Día 1 | Día 2 |
|---|---|---|
| **Áreas de interés** | **Todos:** estaciones para compartir el aprendizaje durante el estudio<br><br>**Computadoras:** versión electrónica del libro *Sam ayuda a reciclar* | **Juego dramático:** disfraces y accesorios hechos durante el estudio<br><br>**Música y movimiento:** instrumentos hechos durante el estudio |
| **Pregunta del día** | ¿Qué les gustó más acerca del estudio? | ¿Cómo van a reducir, reutilizar y reciclar de ahora en adelante? |
| **Todo el grupo** | **Canción:** "¡A reciclar!"<br><br>**Comentarios y escritura compartida:** Prepararse para la celebración<br><br>**Materiales:** Mega Minutos 71, "¡A reciclar!"; colección de objetos desechados | **Movimiento:** El patio de mi casa<br><br>**Comentarios y escritura compartida:** Entrevistarse unos a otros<br><br>**Materiales:** Mega Minutos 70, "El patio de mi casa"; tablillas sujetapapeles; papel; lápices |
| **Lectura en voz alta** | *Sam ayuda a reciclar* | *El bosque dinosaurio* |
| **Grupos pequeños** | **Opción 1: Relato dramatizado de *Algo de nada***<br><br>Enseñanza Intencional LL06, "Relatos dramatizados"; el cuento *Algo de nada*; accesorios<br><br>**Opción 2: Cuelga cuentos *Algo de nada***<br><br>Enseñanza Intencional LL33, "Cuelga cuentos"; *Algo de nada*; implementos para laminar o papel adhesivo transparente; 6 pies de cuerda y pinzas para tender la ropa; una estrella de papel; papel en blanco; un marcador; una bolsa grande sellable | **Opción 1: Ensalada de frutas**<br><br>Enseñanza Intencional LL35, "Ensalada de frutas" (consulte la tarjeta para el equipo, la receta y los ingredientes); instrumentos musicales hechos con objetos desechados<br><br>**Opción 2: *Muffins* de manzana y avena**<br><br>Enseñanza Intencional M33, "*Muffins* de manzana y avena" (consulte la tarjeta para el equipo, la receta y los ingredientes); instrumentos musicales hechos con objetos desechados |
| **Mega Minutos** | Mega Minutos 21, "Pin pon, ¿cuántos son?"; varios objetos para agarrar | Mega Minutos 69, "Quiero ser limpio" |

## Experiencias al aire libre

**Ejercicio divertido**

- Consulte Enseñanza Intencional P18, "Hagamos rebotar la pelota", y siga la orientación ofrecida en la tarjeta.

## Colaboración con las familias

- Recuerde a las familias que están invitadas a reunirse al grupo para compartir una merienda especial durante el segundo día de la celebración.

## Experiencias sorprendentes

- Día 2: Visita de los parientes al salón para celebrar

## Planes para nuestra celebración

**Vocabulario**

**Español:** *celebrar*

**Inglés:** *celebrate*

## Todo el grupo

**Rutina inicial**

- Canten una bienvenida y hable de quiénes están presentes.

**Canción: "¡A reciclar!"**

- Use Mega Minutos 71, "¡A reciclar!" Siga la orientación ofrecida en la tarjeta.

**Comentarios y escritura compartida: Prepararse para la celebración**

- Explique, "Ya hemos aprendido mucho acerca de cómo reducir, reutilizar y reciclar. ¡Ya es hora de *celebrar* nuestro excelente trabajo!"

- Repase la pregunta del día. Pregunte, "¿Qué les gustaría compartir con nuestros invitados en la celebración mañana?"

- Escriba las respuestas ofrecidas.

**Niños que aprenden una segunda lengua**
Aquellos niños que todavía no pueden comunicarse con los compañeros pueden sentirse socialmente aislados durante un tiempo. Invitar a las familias al salón de clase para que los niños puedan hablar con ellos en su lengua materna ayudará a los niños a seguir desarrollando sus destrezas sociales y cognitivas. Anime a las familias a hallar oportunidades fuera del salón de clase para que sus hijos estén en situaciones sociales en las que puedan hablar en su lengua materna.

Antes de hacer la transición a las áreas de interés, diga a los niños que usted les ayudará a reunir lo que anotaron en la lista para hacer una exhibición que la familia y los amigos puedan ver en la celebración al día siguiente.

## Hora de escoger

Al interactuar con los niños en las áreas de interés, dedique tiempo a:

- Ayudar a los niños a reunir lo que les gustaría compartir en la celebración.

## Lectura en voz alta

Lea el libro *Sam ayuda a reciclar.*

- **Antes de leer**, recuerde a los niños cuánto han aprendido de Sam.

- **Mientras lee**, relacione el contenido del cuento con la exhibición en el salón que muestra lo que han aprendido los niños.

- **Después de leer**, invite a los niños a hablar de lo que les haya gustado más del estudio.

## Grupos pequeños

**Opción 1: Relato dramatizado de *Algo de nada***

- Consulte Enseñanza Intencional LL06, "Relatos dramatizados", y siga la orientación ofrecida en la tarjeta para relatar de nuevo el cuento *Algo de nada*.

**Opción 2: Cuelga cuentos *Algo de nada***

- Consulte Enseñanza Intencional LL33, "Cuelga cuentos", y siga la orientación ofrecida en la tarjeta para relatar de nuevo el cuento *Algo de nada*.

## Mega Minutos

- Use Mega Minutos 21, "Pin pon, ¿cuántos son?" Siga la orientación ofrecida en la tarjeta.

Cuando los niños realizan este juego, practican secuencia numérica verbal, correspondencia uno a uno y cardinalidad. (Cuando cuentan objetos, el último número nombrado, indica la cantidad.) Los niños también tienen que aprender esto para contar.

## Reunión final

- Recuerde los eventos del día.

- Recuerde a los niños que al día siguiente tendrán una celebración especial.

# Celebración de lo aprendido

## ¡A celebrar!

**Vocabulario**

**Español:** *entrevista, cooperar*

**Inglés:** *interview, cooperate*

## Todo el grupo

**Rutina inicial**

- Canten una bienvenida y hable de quiénes están presentes.

**Movimiento: El patio de mi casa**

- Use Mega Minutos 70, "El patio de mi casa". Siga la orientación ofrecida en la tarjeta.

**Comentarios y escritura compartida: Entrevistarse unos a otros**

- Recuerde a los niños que ellos entrevistaron expertos durante el estudio.

- Pregunte, "¿Qué hicieron ustedes durante esas *entrevistas*?" Ayúdeles a recordar que hicieron preguntas y que usted escribió las respuestas de los visitantes.

- Explique, "Ya hemos aprendido mucho acerca de la manera como podemos reducir, reutilizar y reciclar nuestros residuos y basura. Me pregunto qué haremos distinto ahora que hemos aprendido tanto. Vamos a *entrevistarnos* unos a otros para averiguarlo".

- Forme parejas y pida a los niños que se pregunten entre sí, "De ahora en adelante, ¿cómo vas a reducir, reutilizar y reciclar objetos desechados?"

- Invite a las familias a que ayuden a los niños a escribir las respuestas de cada uno en un papel apoyado en una tablilla con sujetapapeles.

- Después de terminar las entrevistas, invite a los niños a que compartan las respuestas ofrecidas.

**Niños que aprenden una segunda lengua**
Si usted ya estableció un sistema para hacer parejas de niños que están aprendiendo una segunda lengua con niños que la dominan, pídales trabajar juntos para realizar las entrevistas. Si aún no usa este sistema, ayude a los niños a eligir su propia pareja. Los niños triunfan cuando trabajan con parejas con quienes se sienten a gusto.

Antes de hacer la transición a las áreas de interés, hable de los instrumentos y de los disfraces que hicieron durante el estudio. Explique que estarán disponibles en las áreas de música y movimiento y de juego dramático.

## Hora de escoger

Al interactuar con los niños en las áreas de interés, dedique tiempo a:

- Invitar a los niños a hablar con los parientes y otros visitantes acerca de sus trabajos exhibidos en el salón.

- Hágales preguntas que los animen a recordar lo aprendido.

## Lectura en voz alta

Lea el libro *El bosque dinosaurio.*

- **Antes de leer**, pregunte, "¿Qué recuerdan de este libro?"

- **Mientras lee**, hable de la manera en que los personajes podrían sentirse. Diga, "Me pregunto cómo se sienten los animales cuando descubren que el bosque va a ser talado".

- **Después de leer**, mencione como usaron los animales el trabajo en equipo para salvar el bosque. Diga, "Los animales *cooperaron* –es decir, trabajaron juntos– para salvar su hogar.

Me pregunto si lo habrían logrado si no hubieran *cooperado*". Pregunte, "¿De qué manera *cooperamos* nosotros en la escuela para hacer distintas cosas?"

> **Para obtener más información acerca de cómo hablar de lo que sienten los personajes en los cuentos que lea con los niños, consulte Enseñanza Intencional SE05, "Sentimientos de los personajes".**

## Grupos pequeños

### Opción 1: Ensalada de frutas

- Consulte Enseñanza Intencional LL35, "Ensalada de frutas", y siga la orientación ofrecida en la tarjeta.

- Mientras prepara la ensalada de frutas, mencione que los empaques y los desechos alimenticios pueden ser reciclados, reutilizados o usados para producir abono orgánico.

- Comparta la merienda especial con los parientes. Mientras comen, invite a los niños a recordar el estudio y hablar con sus familias acerca de los descubrimientos que más les gustaron. Después, invite a los parientes a tocar música con los niños usando los instrumentos hechos con objetos desechados.

### Opción 2: *Muffins* de manzana y avena

- Consulte Enseñanza Intencional M33, "*Muffins* de manzana y avena", y siga la orientación ofrecida en la tarjeta.

- Mientras prepara la ensalada de frutas, mencione que los empaques y los desechos alimenticios pueden ser reciclados, reutilizados o ser usados para producir abono orgánico.

- Comparta la merienda especial con los parientes. Mientras comen, invite a los niños a recordar el estudio y hablar con sus familias acerca de los descubrimientos que más les gustaron. Después, invite a los parientes a tocar música con los niños usando los instrumentos hechos con objetos desechados.

## Mega Minutos

- Use Mega Minutos 69, "Quiero ser limpio".

- Cante el poema e invite a los niños a bailar.

## Reunión final

- Recuerde los eventos del día.

- Repase la pregunta del día.

- Escriba una nota del grupo para agradecer a los invitados su asistencia a la celebración. Ponga la nota en el salón de clase.

# Para reflexionar acerca del estudio

¿Qué partes del estudio fueron las que más despertaron y mantuvieron el interés de los niños?

¿Hay otros temas que valgan la pena investigar?

Si pudiera cambiar algo del estudio, ¿qué cambiaría?

Otras ideas o sugerencias que tengo:

# Recursos

# Información para los maestros

Todo organismo produce residuos de algún tipo. La *basura* es algo que ya no tiene un uso inmediato y a veces es desechado por carecer de valor. La basura producida por los seres humanos –sea de alimentos o no– tiene un impacto tangible en el medio ambiente. Dada la enorme cantidad de basura que producimos, es importante para los niños adquirir cierta comprensión del tipo de cosas que desechamos y lo que les ocurre después de haber sido desechadas.

Aunque alguna gente se refiere a los residuos alimenticios como *desechos* y a lo demás como *basura,* tendemos a usar las dos palabras indistintamente. Las personas que estudian lo desechado o que lo manejan profesionalmente, a menudo usan la expresión *desechos sólidos* para describir todo tipo de basura y desechos provenientes de los hogares, las empresas y las escuelas. Estas son otras definiciones relacionadas con la basura:

***basurero:*** acumulación de objetos desechados

***relleno:*** una manera de cubrir y enterrar la basura, que a menudo requiere usar recubrimientos de plástico para atrapar los derrames peligrosos; también llamado *relleno sanitario*

***incinerador:*** un lugar donde se quema la basura, a menudo para producir electricidad

***biodegradable:*** una categoría de basura que se pudre o se descompone

***abono orgánico:*** fertilizante hecho de basura descompuesta biodegradable

***desechos infecciosos:*** basura proveniente de personas y animales, de hospitales y de otras instalaciones destinadas al cuidado de la salud, que debe ser depositada y almacenada en bolsas y recipientes especiales porque puede causar enfermedades

***basura peligrosa:*** materiales que son peligrosos porque son venenosos, corrosivos, explosivos, inflamables o radiactivos

Decidir qué hacer con la basura no es un problema nuevo. De hecho, los humanos lo han estado afrontando por miles de años[1].

- El primer basurero municipal fue abierto en Atenas, Grecia, en el año 500 a.C.

- El primer papel reciclado fue producido en Filadelfia en 1690.

- La primera planta recicladora de aluminio abrió en los Estados Unidos en 1904.

En muchos países la basura se ha convertido en un problema grave, por ejemplo, en los Estados Unidos. Aunque los estadounidenses constituyen solo el 5% de la población mundial, consumen casi el 30% de los recursos mundiales, y por ende se producen enormes cantidades de basura. En el año 2007, los estadounidenses generaron unos 254 millones de toneladas de basura, es decir casi 4,6 libras por persona diariamente.[2] Con esta cantidad se podría hacer una fila de camiones de basura que se extendería 145,000 millas: ¡más de la mitad de la distancia entre la Tierra y la Luna! La buena noticia es que los estadounidenses reciclan y producen 85 millones de toneladas de abono orgánico con este material, equivalentes a 1,5 libras por persona diariamente.[3]



[1] United States Department of Energy, Energy Information Administration (2006). A primer on solid waste. Retrieved September 25, 2006 from http://www.eia.doe.gov/kids/energyfacts/saving/recycling/solidwaste/primer.html

[2] United States Environmental Protection Agency (2008). Municipal Solid Waste Generation, Recycling, and Disposal in the United States: Facts and Figures for 2007. Retrieved March 24, 2009 from http://www.eia.doe.gov/kids/energyfacts/saving/index.html

[3] Ibid, pg. 1.

# Libros de literatura infantil

**Además de los libros para niños usados específicamente en esta *Guía de enseñanza*, quizás quiera complementar las actividades diarias y las áreas de interés con algunos de los libros para niños de la lista.**

*Ayudar al medio ambiente – Usar de nuevo y reciclar* (Charlotte Guillain)

*El hombre de los cangrejos/The Crab Man* (Patricia E. Van West)

*El mundo en peligro* (Margarita Beltrán Martínez de Castro)

*No es una caja* (Antoinette Portis)

*La recolección de basura* (Peter Nielander)

*Reducir, reutilizar, reciclar* (Anna Nolla)

*Las tres erres: reutilizar, reducir, reciclar* (Núria Roca)

# Recursos para los maestros

**Los recursos para el maestro le proporcionan información e ideas adicionales para mejorar y ampliar el tema de estudio.**

*50 cosas sencillas que tú puedes hacer para salvar la tierra* (The Earth Works Group)

*Descubre el collage* (Carme Bohera)

*Juega reciclando no contaminando* (Gretel García Davids y Eduardo Torrijos Ocádiz)

*Materiales De Reciclaje* (Anna Llimós Plomer)

*Recicla y juega con periódico, plástico y cartón* (Gretel García Davids y Eduardo Torrijos Ocádiz)

# Plan semanal

Semana: ______    Maestro(a): ______    Estudio: ______

|  | lunes | martes | miércoles | jueves | viernes |
|---|---|---|---|---|---|
| **Áreas de interés** |  |  |  |  |  |
| **Todo el grupo** |  |  |  |  |  |
| **Lectura en voz alta** |  |  |  |  |  |
| **Grupos pequeños** |  |  |  |  |  |

**Experiencias al aire libre:**

**Colaboración con las familias:**

**Experiencias sorprendentes:**

*Plan semanal,* continuación

Cosas para hacer:

Reflexionar sobre la semana:

Planeación individual para el niño